O inconsciente
explicado ao
meu neto

FUNDAÇÃO EDITORA DA UNESP

Presidente do Conselho Curador
Mário Sérgio Vasconcelos

Diretor-Presidente
Jézio Hernani Bomfim Gutierre

Superintendente Administrativo e Financeiro
William de Souza Agostinho

Conselho Editorial Acadêmico
Danilo Rothberg
Luis Fernando Ayerbe
Marcelo Takeshi Yamashita
Maria Cristina Pereira Lima
Milton Terumitsu Sogabe
Newton La Scala Júnior
Pedro Angelo Pagni
Renata Junqueira de Souza
Sandra Aparecida Ferreira
Valéria dos Santos Guimarães

Editores-Adjuntos
Anderson Nobara
Leandro Rodrigues

Élisabeth Roudinesco

O inconsciente explicado ao meu neto

Tradução
Fernando Santos

© Éditions du Seuil, outubro de 2015
© 2019 Editora Unesp

Título original:
L'Inconscient expliqué à mon petit-fils

Direitos de publicação reservados à:

Fundação Editora da Unesp (FEU)
Praça da Sé, 108
01001-900 – São Paulo – SP
Tel.: (0xx11) 3242-7171
Fax: (0xx11) 3242-7172
www.editoraunesp.com.br
www.livrariaunesp.com.br
atendimento.editora@unesp.br

Dados Internacionais de Catalogação na Publicação (CIP)
de acordo com ISBD
Elaborado por Vagner Rodolfo da Silva – CRB-8/9410

R584i

Roudinesco, Élisabeth
   O inconsciente explicado ao meu neto / Élisabeth Roudinesco; traduzido por Fernando Santos. – São Paulo: Editora Unesp, 2019.

   Tradução de: *L'Inconscient expliqué à mon petit-fils*
   Inclui bibliografia.
   ISBN: 978-85-393-0800-2

   1. Psicanálise. 2. Inconsciente. I. Santos, Fernando. II. Título.

2019-1115   CDD 150.195
                                                          CDU 159.964.2

Editora afiliada:

Asociación de Editoriales Universitarias
de América Latina y el Caribe

Associação Brasileira de
Editoras Universitárias

Para Gabor e Pernette

Agradeço a Lucie (11 anos), Zoé (12 anos), Ninon (8 anos), Karine (9 anos), Émile (11 anos), Vitya (11 anos) e Gabriel (13 anos), que responderam às minhas perguntas e revelaram sua concepção do inconsciente, do sonho, do cérebro e da sexualidade.

Sumário

1. Compreender sem pressa aquilo que não enxergamos   11
2. Onde se esconde o inconsciente?   23
3. O inconsciente de outrora e o de hoje   33
4. Viagem ao centro do sonho   51
5. Um médico em Viena   65
6. Existe uma vida no inconsciente?   81
7. Os animais têm inconsciente?   91
8. O lado sombrio do inconsciente   105

1
Compreender sem pressa aquilo que não enxergamos

– *O que é, exatamente, o inconsciente?*

– Ele se parece com um iceberg. Sabe, aquela montanha de gelo que vemos acima do mar, perto do Polo Norte: um bloco congelado à deriva, pontudo, encorpado, facetado ou corroído. Imagine por um instante esse belo objeto inerte, com uma parte mergulhada na profundeza do oceano, enquanto a outra fica acima da superfície da água. As duas partes são diferentes: aquela invisível é mais importante do que a visível, e também mais perigosa, porque permanece encoberta. Todos os navegadores sabem disso. Eles temem muito mais o que está escondido do que o que está visível. É isto o inconsciente: a parte submersa da montanha branca, composta de vários níveis, com trincheiras, passarelas e labirintos. Podemos compará-la a uma casa flutuante cujos contornos não conseguimos definir, mas cuja presença sentimos.

– *Mas como é possível que essa casa seja ao mesmo tempo presente e ausente, flutuante e estável?*

– Ela é semelhante a um barco sem leme, sem vela, sem motor. Não conhecemos nem sua forma nem o lugar em que ele poderia se ancorar. Nesse sentido, o inconsciente – comparável a essa casa – é algo de que não se tem consciência, uma atividade que escapa à razão. Quando alguém está inconsciente, dizemos que está louco ou que perdeu os sentidos. Zoé, a filha de 4 anos de minha amiga Julie, me disse que, para ela, quando estamos conscientes sabemos o que estamos fazendo, nos controlamos e contemos um pouco as emoções, ao passo que quando estamos inconscientes não sabemos o que o cérebro faz, é igual a quando estamos dormindo.

– *O insensato é louco?*

– Sim e não. Tudo depende do modo como o encaramos. Outrora, na Idade Média, os insensatos – isto é, os inconscientes – eram vistos como bêbados, excedendo-se nos prazeres, amando o carnaval, as fantasias e a vagabundagem. Um grande pintor, Hieronymus Bosch, representou essa inconsciência num quadro célebre, *A nau dos insensatos*, que pode ser visto no Museu do Louvre. Ele reuniu numa embarcação à deriva uma dezena de personagens privados de consciência: homens e mulheres sentados à mesa para comer, com a boca escancarada. Eles não sabem o que morder e não conseguem nem comer nem cantar. Um ganso assado está suspenso no mastro, inatingível. No lugar da vela, que deveria guiá-los, Bosch pintou um crepe e, no lugar do remo, pôs uma enorme concha de cozinha nas mãos de um navegador cego.

Mergulhados na inconsciência, esses homens e mulheres vivem num mundo invertido: eles não vão a lugar nenhum, sua cabeça não controla o corpo. Eles moram numa casa sem alicerces, que não consegue se fixar em nenhum lugar. Têm com que se alimentar, mas não conseguem comer. É isso o inconsciente, no sentido da inconsciência: uma viagem para fora da consciência.

– Mas você só fala coisas negativas a respeito do inconsciente!

– Tem razão. Mas o inconsciente é também o país das maravilhas. Podemos lhe atribuir belas cores. Se isso lhe agrada, o inconsciente pode ser dourado como nas histórias de princesas despertadas por um príncipe encantado depois de uma viagem numa abóbora; ele pode ser um buraco negro cheio de tristeza, pode ser vermelho como a cólera, ou azul como um céu de primavera no campo.

Sua amiga Lucie, minha afilhada, que tem cinco anos a menos que você, disse um dia que o inconsciente se parecia com uma omelete sendo feita dentro de sua cabeça. Ela queria dizer que o inconsciente é uma bela bagunça que podemos comer.

– Existe, então, uma diferença entre ser inconsciente e ter um inconsciente?

– Sim, ser inconsciente é cometer atos insensatos. Ter um inconsciente é ter dentro de si essa casa, esse lugar que se esconde da nossa consciência, cheio de imaginação, de intuições e de emoções. O inconsciente é quando você não decide, como diz muito bem Lucie. E Vitya também: "É quando eu digo uma coisa que não queria dizer".

— *Mas existem outros nomes para designar o inconsciente?*

— Na verdade, existe, de um lado, o que você inventa quando quer designar o inconsciente e, de outro, a maneira como ele é denominado pelos estudiosos que, há muito tempo, criaram vários nomes para defini-lo. Já que é uma casa flutuante e escondida, ela também é um duplo da consciência. Dizemos, então, que é uma subconsciência ou uma supraconsciência, um estado no qual o que você diz está dissociado do que você faz.

— *Como o que eu penso pode estar dissociado do que faço?*

— Você pensa, por exemplo, que tem de pôr as botas de borracha para andar na chuva. Você as calça cuidadosamente, caminha um pouco e, de repente, percebe que o pé esquerdo está na bota direita e o pé direito, na bota esquerda. O que aconteceu? Nesse caso, você foi vítima de um automatismo mental, como se um robô tivesse agido em seu lugar sem que você percebesse.

— *Como interromper esse automatismo?*

— Você poderia lutar contra ele, comprando uma bota vermelha e outra azul, para não se confundir; porém, correria o risco de ser visto como uma pessoa inconsciente, que não sabe diferenciar a esquerda da direita. Todo mundo tem automatismos e, portanto, todos têm um subconsciente diferente da sua consciência. Todo mundo também tem reflexos, isto é, movimentos automáticos que não se pode controlar: são as reações involuntárias dos órgãos do corpo. Faz muito tempo que filósofos, médicos, escritores e poetas se sentiram atraídos pela ideia de que o nosso pensamento está dividido em dois: de um lado, seríamos uma máquina, do outro, uma consciência.

– *Diga-me o nome de quem cortou meu pensamento em dois...*

– Foi o filósofo francês René Descartes que, no século XVII, há quase quatrocentos anos, inventou um conceito para dizer isso. Ele disse que havia uma oposição entre a razão e aquilo que escapa a ela. Ele denominou "cogito" o que eu penso, o que cada pessoa pensa, e dividiu-o em duas partes: uma parte racional, que compete à consciência, isto é, àquilo que eu penso conscientemente; e uma parte irracional, que é relegada à esfera da loucura. Essa parte pode, de repente, sair da toca quando, em vez de ser razoável, eu fico enraivecido e não consigo me controlar. Digo, então, que estou "fora de mim", isto é, fora da minha consciência.

– *E depois de Descartes?*

– Depois, outros pensadores, chamados psicólogos ou psiquiatras, duzentos anos mais tarde designaram essa "casa inconsciente" – essa nau de loucos e esses delírios – como um automatismo mental: o subconsciente.

– *Mas qual é realmente a diferença entre a inconsciência e a subconsciência?*

– A inconsciência é quando alguém é inconsciente. A subconsciência é o que se encontra abaixo da consciência. A palavra subconsciente designa certamente a parte oculta do iceberg, mas não algo insensato que escapa à razão. Se o subconsciente lhe dá ordens, o domina, tem um controle sobre você e o faz agir de maneira automática, isso quer dizer que você é alienado, não insensato. A diferença é importante. Uma pessoa alienada não perdeu a razão ou a consciência, ela simplesmente transportou ou transferiu uma parte de si mesma – sua alma, seu espírito, seu estado mental – para um objeto, uma ideia, uma instituição, um médico, um sacerdote, um grande líder, um feiticeiro, um deus ou deuses, e ela os encarrega de conduzir sua vida. Ela não pensa mais por si mesma, não é mais livre, ela aliena sua liberdade, e é outra coisa que pensa em seu lugar. Mas ela tem um pensamento.

– Mas qual é, então, a diferença entre um feiticeiro, um sacerdote, um psiquiatra e um psicólogo? Todos eles se ocupam da mesma coisa?

– Um feiticeiro é um personagem de contos e lendas a quem se atribuem poderes mágicos curativos e proféticos. Ele usa geralmente um chapéu pontudo e uma espécie de túnica, e se desloca pelo ar montado numa vassoura. Mas ele também pode se parecer com um herói contemporâneo do qual você gosta muito: Harry Potter, esse jovem órfão inglês que, pouco a pouco, a partir dos 11 anos, ingressa num mundo paralelo ao de seus amigos normais. O feiticeiro é o rei da inconsciência, o eleito de uma seita que acredita decifrar enigmas no mundo inteiro.

– E o sacerdote?

– O sacerdote é o representante de uma religião, isto é, de um sistema de crenças que responde a perguntas. Quem sou eu? De onde venho? Para onde vou? Quem me guia sem que eu me dê conta? O sacerdote também se ocupa dos insensatos, mas ele dá um significado à inconsciência deles ao dirigi-los para uma fé ou uma espiritualidade, para algo mais elevado que eles e que não se pode conhecer por meio do simples conhecimento racional, isto é, para uma alienação superior. Ele é o rei dos seres humanos que creem num Deus todo-poderoso que seria o rei do universo e do destino.

– *O que diferencia o psiquiatra do sacerdote?*

– O psiquiatra é um médico que cuida dos alienados nos hospitais ou na vida diária – durante a consulta. Ele considera a alienação uma doença. Ele não reina sobre os insensatos, pois, para ele, é impossível não ser alienado. O psiquiatra é o rei do subconsciente, cujo funcionamento ele explica por meio de *classificações*, sem precisar acreditar numa força superior ao homem. Ele dá remédios, conselhos, prescreve tratamentos físicos ou mentais para viver melhor, comer melhor e controlar melhor a vida. Ele é o médico da alma e do corpo.

– *O que são as classificações?*

– Bem, por exemplo, em vez de dizer que alguém perdeu a alma ou que está possuído ou alienado, o psiquiatra dirá que ele é bipolar, depressivo, hiperativo, maníaco, *borderline*, narcísico perverso, parafílico, que sofre de *burn out*, é disfórico, ansioso, compulsivo, esquizoide, paranoico, psicótico. São referências que você encontra diariamente na imprensa. É a linguagem dos psiquiatras.

– *E o psicólogo?*

– O psicólogo não é médico, mas ele cuida dos distúrbios da alma, das paixões e dos diferentes sofrimentos. Ao contrário dos feiticeiros e dos sacerdotes, os psiquiatras e os psicólogos são os reis da razão: eles querem que o subconsciente seja controlado pela razão e pela consciência. Eles procuram curar e cuidar: nós os chamamos de psicoterapeutas. São servos da razão que aprenderam um conhecimento nos livros e que foram iniciados numa clínica por um professor da universidade.

– *O que é clínica?*

– É a arte de interpretar os sinais de uma doença.

– *O que todas essas pessoas têm em comum?*

– Os sacerdotes, os feiticeiros, os psiquiatras e os psicólogos têm algo em comum: eles se ocupam das doenças da alma, uns por meio da confissão, dos medicamentos ou das trocas relacionais; os outros, por meio de cerimônias rituais ou de incubações que consistem em ingerir poções mágicas.

– *O que realmente os diferencia?*

– Os sacerdotes e os feiticeiros acreditam numa verdade estabelecida e sagrada que não pode ser criticada e à qual todos devem se submeter: rituais relacionados a roupa e alimentação, rezas, obediência a uma autoridade que não pode ser contestada. Esses são religiosos. Os psiquiatras e os psicólogos são, ao contrário, os portadores de um saber ensinado que não tem uma verdade definitiva e do qual se pode duvidar.

2
Onde se esconde o inconsciente?

– *Compreendi que há palavras diferentes para designar o inconsciente. Mas onde ele fica? Dentro da cabeça?*

– Boa pergunta. O inconsciente fica no cérebro, essa massa química encerrada dentro da cabeça e que se compõe de tubos a que chamamos células ou neurônios, parecidos com trilhas de montanha com túneis encaixados uns nos outros.

– *Como sabemos o que acontece no cérebro?*

– Começamos a saber quando os cientistas levaram em conta a importância dessa massa, há cerca de 150 anos (em meados do século XIX). Na mesma época, outro cientista muito famoso, Charles Darwin, mostrou que os seres humanos não tinham sido criados por Deus de uma única vez, mas que eles pertenciam, em certa medida, ao mundo animal e estavam sujeitos a uma lei da natureza que escapa a todo controle: a evolução. Hoje, admitimos que os seres humanos descendem de seus ancestrais, os macacos, e que seu cérebro evoluiu durante milhões de anos, tornando-se mais complexo e mais eficiente com o passar do tempo. O cérebro humano, mais desenvolvido que o do animal, é, portanto, portador da consciência, da inteligência, da alma, das emoções, do espírito e também do inconsciente.

– *Quem estuda o cérebro?*
– Os neurologistas, os biólogos, todos os cientistas, médicos ou não, especializados em neurociências: eles se ocupam do funcionamento do sistema nervoso.

– *Mas o inconsciente se esconde nos corredores do cérebro?*
– O cérebro permite que o ser humano exista e pense. É por isso, aliás, que é comum dizermos que alguém muito inteligente é o

"cérebro" de determinada organização. Mas o cérebro não passa de um suporte material do pensamento: uma máquina biológica e química que governa nosso organismo. Hoje em dia, graças aos progressos técnicos, o cérebro pode ser observado em seus mínimos movimentos. Podemos vê-lo se mexer ou ficar enraivecido. Podemos observar suas falhas. Quando você experimenta uma forte emoção, seu cérebro reage. Mas não podemos observar o pensamento com um microscópio, nem mesmo com as técnicas exploratórias atuais – tomografia, computador, escuta de ressonâncias magnéticas. Também não podemos ver a mente, a alma, a consciência, a razão, o subconsciente. O inconsciente não se esconde no cérebro, mas ele existe graças ao cérebro.

– *Mas como podemos dizer que ele existe graças ao cérebro, se não podemos vê-lo?*

– Porque o inconsciente é uma abstração, isto é, uma representação da mente: nós o pensamos, o sentimos e o construímos, mas não podemos tocá-lo, vê-lo ou capturá-lo. E é por isso que ele não pode ser simplesmente cerebral. Na verdade, embora ele não se encontre em lugar nenhum, ele se manifesta e se exprime. Ele está encoberto pela consciência, que nós também não vemos.

– *E quando uma pessoa não tem mais cérebro, ela ainda assim tem um inconsciente?*

– Claro que não, porque o cérebro é a máquina que controla todos os órgãos do corpo, inclusive os neurônios, que possibilitam o pensar. Quando uma pessoa não tem mais cérebro ou seu cérebro não funciona mais, ela está morta, mesmo quando é mantida viva artificialmente por meio de tubos e aparelhos. Dizemos então que ela se encontra em estado de morte cerebral.

– *Quanto ao cérebro, nós o vemos. Mas ele tem uma atividade?*

– Sim, mas ele não é capaz nem de escrever um livro sozinho, nem de compor uma música, nem de construir cidades, nem de inventar religiões. Só um sujeito que pensa pode fazer essas coisas. E só um sujeito que pensa tem um inconsciente escondido em sua consciência.

– *Mas, então, como saber se o inconsciente existe realmente?*

– O inconsciente existe como uma força, como uma energia que se manifesta por meio do que sentimos, por meio das emoções. Quando você está feliz sem saber por quê, quando tem a impressão de que pode voar pelos ares para pegar os pássaros ou, no lugar das botas de borracha, você tem botas de sete léguas que lhe permitem correr mais rápido que as gazelas e as zebras. Se, por um lado, o inconsciente não tem cor nem cheiro, por outro, ele pode ser extremamente belo, porque é misterioso e incomoda o cérebro, como disse o poeta inglês William Wordsworth, maravilhado com a fonte escondida de onde emergiam seus próprios pensamentos:

> Eu mantinha uma comunhão inconsciente com a beleza
> [...]
> Cavernas, sim, dentro da minha mente e
> Nas quais o sol nunca conseguia penetrar[1]

– *Mas essa energia saída de uma caverna consegue atravessar o corpo?*

– O inconsciente se manifesta também por meio da linguagem, quando fala em seu

---

[1] "J'entretenais une communion inconsciente avec la beauté [...] Des cavernes, oui, à l'interieur de mon esprit et/ Dans lesquelles le soleil jamais ne pouvait pénétrer." In: *The Prelude* (1805), livro I, v.562; livro III, v.245-6. Traduzido para o francês por Henri Deluy.

lugar ou quando pensa por você, como ressalta Zoé, que diz o mesmo que Jacques Lacan e o filósofo Averróis. Se, por exemplo, você quer dizer "amo o papai" e, em vez disso, diz "quero meu dromedário", ficará surpresa e tentará compreender por que uma frase tomou o lugar da outra. E será obrigada a compreender por que, ao pensar em seu pai, você pronunciou a palavra "dromedário". Seu pai lhe deu um dromedário de pelúcia que você mantinha junto ao peito durante muito tempo quando ele ia trabalhar? Ou então porque, no momento de dizer que você ama seu pai, insinuou-se em sua mente a imagem de um animal que você ama acima de tudo, mais do que a seu pai? Só o ser humano é capaz de falar, de fazer essas substituições ou de inventar línguas e palavras para exprimir tanto o que ele pensa como aquilo que lhe escapa quando ele fala.

– *Todo mundo sabe que tem um inconsciente?*

– Essa é uma pergunta delicada. Essa consciência que se pode ter do inconsciente foi formulada na Europa e nas sociedades ditas ocidentais, mas não nas sociedades dos povos originários, indígenas, autóctones ou aborígenes (primeiros habitantes de um lugar).

Esses povos sem escrita vivem sem Estado, sem proteção. Eles formam comunidades governadas por costumes e tradições ancestrais transmitidos de geração a geração e mantêm relações estreitas com a natureza e os animais. Eles ainda existem em grande número no mundo de hoje: na Amazônia, nas ilhas do oceano Pacífico, na África, na Indonésia, no Caribe etc. Esses povos, que foram estudados pelos etnólogos, não pensam como nós. Eles não pensam que têm um inconsciente. Para eles, a natureza é uma totalidade, com suas plantas, seus seres humanos e seus animais, e não existe divisão entre a consciência e a inconsciência, entre o que é racional e o que não é.

– *Esses povos pensam alguma coisa?*
– Eles têm um pensamento e um inconsciente. Mas eles não dispõem do conhecimento sobre si mesmos que lhes permitiria nomear o inconsciente ou a consciência da mesma maneira que nós. Eles classificam os seres humanos, as plantas, as coisas e os animais um pouco como um marceneiro que produz objetos com os pedaços de madeira que reúne ao redor de si. Eles são guiados por sacerdotes e feiticeiros conhecidos como

xamãs, isto é, curandeiros que asseguram uma mediação entre um mundo dito invisível (os espíritos bons ou maus, os mortos, os ancestrais, metade seres humanos, metade animais) e o mundo visível da comunidade.

– *Esses xamãs combatem os seres invisíveis?*

– De fato, quando um membro da comunidade fica estranho, eles declaram guerra aos espíritos que lhe roubaram a alma, separando-a do corpo. O grande antropólogo francês Claude Lévi-Strauss assumiu a defesa desses povos originários, mostrando que sua forma de pensar – esse pensamento dito "selvagem" –, que se tornara minoritária, não era inferior à nossa. Seu inconsciente é esse mundo invisível povoado de mitos e lendas, um mundo que guia os atos dos seres humanos, lhes rouba a alma, os deixa loucos, os faz viver ou morrer, dirige suas escolhas.

– *O que faz o xamã quando um ser humano perde sua alma?*

– Quando um ser humano perde sua alma, o curandeiro entra em êxtase, em transe, torna-se ele mesmo louco para viajar ao mundo dos espíritos e buscar a alma perdida, como um caçador rastreia a caça. Ele toma de assalto os espíritos, negocia com eles, oferece-lhes presentes e depois reconduz a alma para casa e a reintegra no corpo da pessoa doente.

– *Mas isso que você está contando não é possível.*

– De fato, esse modo de pensar não tem nada a ver com a ideia que se faz do inconsciente no mundo europeu, no qual se considera que, para saber onde ele se esconde, é preciso saber primeiro que todo ser humano é consciente de si próprio e de sua existência. Em nosso mundo, o sentimento da consciência precede, portanto, o acesso ao inconsciente.

– *Mas o que é a consciência? Sou eu?*

– Sim. Quando dizemos "eu", nós exprimimos o que sentimos e o que queremos dizer: algo de subjetivo. Quando dizemos "eu mesmo", é ainda mais forte. Levamos tudo ao "eu", à minha pessoa inteira, e é então esse eu que se considera o soberano do mundo inteiro.

– *O sujeito também é algo que existe e que não existe?*

– O sujeito é a subjetividade, isto é, o que lhe é pessoal. Ela possui diversas facetas diferentes. Para dar um exemplo divertido, eu diria que ela é comparável a uma galeria de espelhos deformantes que fazem com que você se pareça tanto com um aspargo como com um barril.

– Mas na sua história do curandeiro e dos povos originários, existe um lugar para a subjetividade?

– Sim, existe, mas ela não é reconhecida como tal, e não tem por que sê-lo, pois, para esses povos, não é o sujeito que se exprime quando fala, mas o espírito e as coisas. Por exemplo, nós dizemos: sou um homem generoso e ajudei uma mulher em dificuldade. Os povos indígenas se exprimirão de outra maneira; eles dirão: a generosidade que vem do homem levou ajuda à dificuldade em que se encontra a mulher. Num caso, o inconsciente está no interior do "eu"; no outro, está na qualidade atribuída à pessoa.

3
O inconsciente de outrora e o de hoje

– *Entendi que o inconsciente existe graças ao cérebro, que ele existe sem ser algo visível e que lhe damos nomes diferentes de acordo com as culturas e as épocas. Você falou da alma; ela também é uma outra maneira de designar o inconsciente?*

– Sim, certamente. O inconsciente é como uma alma, e a alma é a parte inconsciente da subjetividade. A alma é um sopro, o motor da vida e, sobretudo, algo que transcende a existência humana: um princípio espiritual, imaterial. Ela não é visível. As maneiras de descrever a alma são tão numerosas quanto as religiões ou as crenças, e estas são narrativas destinadas a explicar aos seres humanos sua história passada e futura. Assim como no caso do inconsciente, não existem provas da existência da alma.

– De onde vem a alma? Do além, dos outros planetas, de Deus?

– Do interior de você mesmo, mas também da cultura e das religiões. Você estudou no colégio as diferentes civilizações. Sabe que os judeus foram os primeiros seres humanos nos tempos antigos – há mais de 10 mil anos – a crer num deus único (monoteísmo), quando eles eram escravos no Egito. Depois veio o cristianismo, com Jesus, seguido pelo Islã, com Maomé, duas religiões que continuam o judaísmo. Nessas religiões, ditas monoteístas, a alma dos seres humanos é Deus; ele também é seu inconsciente.

– Que poderoso esse Deus!

– Você nem sabe o quanto! Pois, embora essas religiões preguem o amor, elas propagam o ódio, porque se baseiam numa verdade revelada que não suporta a dúvida. Consequentemente, elas ensinam a rejeição das outras religiões e das outras culturas. Elas são potencialmente fanáticas. É sempre em nome de Deus – esse deus único – que os seres humanos guerreiam e se perseguem uns aos outros. As religiões são sempre intolerantes quando afirmam dominar a consciência por meio do amor. É por isso que é preciso deixar Deus longe de qualquer influência sobre o pensamento e o Estado. Senão substituiremos "penso, logo existo" por "creio, logo Deus tem razão".

A melhor maneira de se proteger desse fanatismo, respeitando, ao mesmo tempo, a liberdade de cada um de acreditar no que quiser, é governar os seres humanos segundo os princípios do direito e da razão. Isso se chama laicidade. O Estado que o governa é, portanto, separado da religião: ele aceita todas e permanece neutro, pois não existe religião de Estado. Consequentemente, o inconsciente também se torna laico. Ele se parece com um Deus que teria perdido sua soberania para se tornar seu destino pessoal. O tirano é você, ele está em você, mas não é mais Deus: é um resto de deus. Essa é a diferença entre o inconsciente de outrora e o de hoje.

– *O que acontece quando existem vários deuses?*

– Quando existem vários deuses, existe menos verdade única, já que os deuses são feitos à imagem dos seres humanos e competem entre si. Minha amiga Catherine Clément escreveu o *Dictionnaire amoureux des dieux et des déesses* [Dicionário amoroso dos deuses e das deusas], que você pode ler. Ela diz que existem no mundo milhões de deuses e deusas que se acasalam e promovem festas alegres. Eles mudam de gênero e de sexo, transformam-se em animais, matam-se uns aos outros e ressuscitam sem serem tiranos ou ditadores. Eles se divertem. Esses deuses são também o inconsciente dos seres humanos.

– *Eu conheço os deuses gregos...*
– Sim, eu sei que você estudou a Antiguidade grega, da qual nós somos hoje os herdeiros, como o somos do judaísmo e do cristianismo. Você conhece Homero, que contou a história da guerra entre os gregos e os troianos. Conhece Platão, nascido em Atenas quatro séculos antes de Jesus Cristo e que inventou a filosofia ao difundir as ideias de seu mestre Sócrates. Finalmente, você sabe que nesse mundo grego, onde existiam diversos deuses e deusas (politeísmo), os deuses e os homens conviviam contando histórias que retraçavam suas origens e seus amores.

– *Essas narrativas dão lugar ao inconsciente?*

– Sim, certamente. Nesse mundo feito de mitos e narrativas, os deuses são divinos, e os heróis, meio divinos: as fronteiras permanecem imprecisas. Quanto aos homens das classes superiores, eles governam os outros homens e especialmente os escravos, considerados objetos.

Certos deuses gregos são deuses-adivinhos ou oráculos que preveem o futuro. As pessoas vêm interrogá-los para obter respostas sobre o passado e o futuro. Nenhum homem consegue escapar da profecia do oráculo, que sempre precisa ser interpretada, já que é extremamente vaga ou velada. Assim, o destino é o inconsciente do homem grego, forçado, faça o que fizer, a obedecer, sem o saber, ao que o oráculo lhe profetizou. Portanto, sua subjetividade e sua consciência só servem para ele se conformar com seu destino, e não para se afastar dele.

– *Li uma história em quadrinhos sobre um rei que enfrenta um monstro feminino, resolve um enigma, mata o pai e se casa com a mãe...*

– Sim, trata-se do herói mais famoso da tragédia grega, Édipo, filho de Laio e Jocasta, herdeiro da dinastia dos Labdácidas. Para evitar que se cumpra o que previu o oráculo de Apolo – que ele seria morto pelo filho –, Laio, rei de Tebas, entrega a criança recém-nascida a um servo para que ele a abandone no monte Citeron depois de trespassar-lhe os pés com um prego. Em vez de obedecer, o servo entrega a criança a um pastor que, por sua vez, a leva a Políbio, rei de Corinto, cuja mulher é estéril. Eles lhe dão o nome de Édipo (pé inchado) e o criam como filho.

Uma vez adulto, Édipo consulta o oráculo de Delfos, que prevê que ele matará seu pai e casará com sua mãe. Acreditando escapar da profecia, ele deixa Corinto e vai para Tebas. No caminho, cruza por acaso com Laio e o mata após uma briga. Depois, se confronta com a Esfinge, temível animal, monstro feminino alado, dotado de garras, que mata aqueles que não resolvem o enigma que ela propõe sobre a natureza do ser humano: "Quem é aquele que caminha primeiro com quatro pés, depois com dois e mais tarde com três?". Édipo dá a resposta certa e, para recompensá-lo, Creonte, rei de Tebas, lhe oferece Jocasta como esposa, com quem ele terá quatro filhos.

Os anos se passam, a peste e a fome assolam Tebas, e Édipo, o grande rei extremamente sábio, procura conhecer a causa desse flagelo. Depois de investigar, ele acaba conhecendo a verdade. Ele fura os olhos e Jocasta se suicida.

– Se entendi corretamente, essa história significa que Édipo não consegue enxergar sua própria história. Ele é inconsciente?

– Não, ele não é inconsciente, mas é a presa do seu destino.

– Ele não é culpado?

– Não, ele não é culpado nem do homicídio do pai nem do incesto com a mãe. Mas ele é punido, por um lado, pelo destino, porque não deveria ter nascido, e, por outro, pelos deuses, porque, ao resolver o enigma, ele afrontou o poder deles. Portanto, ele é punido por uma falta que não cometeu: é seu inconsciente, isto é, seu destino, que age em seu lugar.

– E a alma?

– Para os gregos, ela contém diversas facetas, mas sobretudo duas partes principais: uma, cheia de sangue e de fúria, que denominamos *thumos* (alma-sangue), isto é, o que impele a agir, a desejar e a estabelecer relações com o mundo exterior; e a outra, *psyche* (alma-sopro), associada ao sono, à morte e à fragilidade, mas também à eternidade e à imortalidade.

Platão dizia que a alma era composta de três partes: a imortalidade, a lembrança e o conhecimento. Assim, a alma, no sentido platônico, é imortal porque ela existe sem o corpo, que é seu jazigo provisório durante uma vida. Consequentemente, ela conserva a memória de tudo que foi vivido. E, por fim, ela é como uma placa de cera, uma tábula rasa, onde seriam gravadas as ideias, as emoções e as representações. As três partes estão ligadas. Sair do corpo é transcender o mundo sensível para se elevar na direção do conhecimento; recordar é saber quem somos; aprender é atualizar a força da inteligência que temos em nós.

– Portanto, o inconsciente de ontem e de hoje é, ao mesmo tempo, Deus, o destino, a alma, o desejo e o celeiro que recolhe as lembranças e nos permite compreender quem somos e o que fazemos?

– Pode-se dizer que sim, mas é preciso explicar. Sim, o inconsciente é nosso destino. E hoje, para você e para mim – e para os cidadãos dos países democráticos e laicos

– o destino não é mais Deus, mas a história humana, um destino no sentido grego, mas sem o oráculo que profetiza, sem os deuses. É aquilo que atua sem que você se dê conta para que você possa desejar algo ou amar alguém. Enfim, o inconsciente é um lugar de memória, um monumento ou um museu que você visita para conhecer o passado e a história de quem você amou. Ele conserva os arquivos da sua vida um pouco como o disco rígido do seu computador. E é também um estado psíquico.

– Um estado psíquico? O que você quer dizer?

– Essa palavra, utilizada hoje pelos psicólogos, vem do termo grego *psyche* (alma-sopro). Ela designa o que é consciente e inconsciente. E Psiquê é também uma mulher na mitologia grega e latina.

Ela era tão bela que despertou o ciúme de Afrodite (Vênus), a deusa do amor (*eros*). Esta, para puni-la, enviou seu filho Cupido (deus do amor), com suas flechas e asas. Ele deveria fazê-la se apaixonar por um monstro, mas cedeu aos seus encantos e tornou-se seu amante, com a condição de que ela jamais olhasse para ele. Eles se encontravam no escuro. Mas Psiquê era uma pessoa racional, queria conhecer tudo, e ela contemplou o belo Cupido enquanto ele dormia, à luz de um candeeiro. Punida pelos deuses, ela foi forçada a realizar inúmeras tarefas horríveis até mergulhar num sono de morte. A história acaba bem. Finalmente, ela se casa com Cupido e se torna imortal. Portanto, ela teria passado a vida inteira sofrendo provações para, por fim, alcançar o amor e a imortalidade.

– Psiquê virou psíquico? Qual a relação com o inconsciente?

– Essa história significa que a alma é um pássaro noturno. Ela desperta à noite, como o inconsciente, que se revela melhor durante o sono, através dos sonhos.

O estado psíquico – ou psiquismo, ou psique – é uma conjunção, ao mesmo tempo consciente e inconsciente, que conta a história de toda uma vida subjetiva, sua parte visível e sua parte oculta: o amor, o desejo, o sono, a memória, a mente, os ancestrais. É a história de Psiquê confrontada com seu desejo e com os deuses. É a sua história e é a nossa história.

– O que é a mente?

– A mente é diferente da alma e da psique. Na verdade, ela é um conjunto de faculdades mentais – intuição ou percepção – que nos permitem pensar. A mente se opõe ao corpo, mas ela engloba atividades conscientes e inconscientes. Ao contrário do inconsciente, a mente é racional.

– *Mas como temos acesso ao inconsciente?*

– Por meio da introspecção, isto é, da escuta de si mesmo, da observação de nossas reações ou de um "exame de consciência". A ideia de nos confessarmos e de contar o que nos faz sofrer ou aquilo que vivenciamos existe há muito tempo. Muitos escritores e artistas publicaram suas confissões: santo Agostinho, Montaigne, Rousseau. Falar de si permite ter acesso ao inconsciente.

– *Quem ocupa o lugar de Deus e dos deuses hoje?*

– A ciência, por um lado, que se baseia no conhecimento objetivo da realidade, da natureza ou da mente; a crença, por outro, que se apoia na opinião ou na vidência. Os videntes e os astrólogos se consideram mais lúcidos que os cientistas, pois estão convencidos de enxergar o que se esconde atrás das aparências. Mas, como você pode ver, não substituímos realmente Deus nem os deuses. Contentamo-nos em não enxergá-los da mesma maneira.

– O que é um vidente?

– Os videntes costumam se atribuir nomes estranhos. Mas eles não são nem os herdeiros dos antigos adivinhos da Antiguidade nem dos curandeiros e outros xamãs das sociedades selvagens. Eles também não são sacerdotes, pois não defendem uma religião. Consideram-se desvinculados de tudo e contestam o que chamam de conhecimentos oficiais: a política, as religiões estabelecidas, a psiquiatria, a medicina, a psicologia, o ensino divulgado nas escolas e universidades. E, graças à internet, eles têm muito sucesso em todas as esferas.

– O que eles fazem?

– Eles recebem, em seus consultórios, pais angustiados com os filhos, empresários deprimidos que têm medo de falir, pessoas abaladas por decepções amorosas, além de outros que temem o fim do mundo, as catástrofes naturais ou os demônios.

Eles preveem o futuro por meio de cartas e bolas de cristal, e afirmam que a posição dos planetas fornece informações sobre o nosso futuro. Alguns acreditam descobrir um monte de coisas no seu inconsciente examinando suas mãos, seus olhos, um lago, um espelho, uma andorinha ou peles de sapo. Eles vivem rodeados de estatuetas, de incensos aromáticos, de divindades e de objetos estranhos adquiridos em antiquários.

Às vezes, eles assumem ares de grandes filósofos para explicar que existem forças ocultas que dirigem o mundo. Eles imaginam que seríamos dominados por um inconsciente cósmico povoado de símbolos e sinais. Eles costumam ser chamados de charlatães ou impostores, porque não hesitam em abusar da credulidade das pessoas.

– *Esses charlatães são perigosos?*

– O que se pode dizer é que sempre foram considerados perigosos. Em 1184, o tribunal da Inquisição os condenou a morrer na fogueira como os "hereges", e proibiu que fizessem adivinhações. O rei Luís XIV também os perseguiu, pois via neles a encarnação de uma força diabólica contrária à todo-poderosa soberania real. Enfim, em 1810, Napoleão, grande organizador da medicina, da razão, da ciência e do Estado moderno, os criminalizou em seu famoso Código Penal, condenando-os a pagar uma multa caso continuassem a cobrar por suas profecias. Como você pode ver, eles são rejeitados tanto pelas religiões como pelos defensores da ciência. Entretanto, apesar de todas as leis, eles continuam a prosperar. Hoje, embora tolerados, eles são sistematicamente perseguidos quando afirmam cuidar das doenças ou curá-las. Portanto, fora isso, eles podem tranquilamente observar seu inconsciente nos astros ou prever uma catástrofe se você não fizer o que eles mandam.

– Mas existem charlatães entre aqueles que pretendem explicar tudo racionalmente por meio da ciência?

– Sim, com certeza! São todos aqueles que afirmam que se pode ver o inconsciente, medi-lo, pesá-lo, descrevê-lo, observar seu funcionamento ao microscópio como algo que se pode pegar pelo rabo, pelos chifres ou pelos dedos dos pés. É a mesma polêmica que existia no passado com relação à alma.

– De que polêmica você está falando?

– Em 1907, um médico norte-americano, obcecado pela ideia de encontrar a alma dentro do corpo e provar sua existência, pesou seis pacientes moribundos antes e depois da sua morte. Constatando na diferença de medidas uma porção não justificável, ele deduziu que poderia se tratar do peso da alma escapando do corpo. Para ter certeza de não se enganar, ele reproduziu a experiência com quinze cães e não observou nenhuma variação. Ele então acreditou ter comprovado que só o ser humano possui alma.

– *É de morrer de rir!*

– Podemos rir desse raciocínio, mas ele acontece com frequência. Embora esse "cientista" possa ser um charlatão, ele não é designado como tal e é levado muito a sério. E, no entanto, sua "ciência" não é mais científica que a que se baseia nas bolas de cristal.

– *Outro dia, na televisão, um jornalista disse que, quando assistíamos a uma propaganda, éramos influenciados por "mensagens subliminares" que atingiam diretamente nosso inconsciente. O que é mensagem subliminar?*

– De fato, especialistas em comunicação imaginaram que se fossem incorporadas num filme imagens imperceptíveis para a sua consciência, isto é, "subliminares" ou subconscientes, elas poderiam influenciar seu comportamento sem que você se desse conta disso. Eles afirmam que elas agem diretamente no cérebro e, portanto, no inconsciente. Por exemplo, um publicitário afirmou, sem prova alguma, que ao inserir num filme a mensagem imperceptível "Beba Coca-Cola" as vendas dessa bebida aumentariam de maneira significativa. Em 2000, por ocasião da campanha para a eleição presidencial norte-americana, George Bush mandou divulgar imagens em que a palavra "rato" era inserida logo depois de uma foto do seu adversário político, acreditando com isso que poderia vencê-lo.

– *Mas o que foi feito para lutar contra isso?*
– Proibiram-se as mensagens ditas "subliminares", sem, contudo, obter a prova de que elas eram eficazes. Mas a ideia da possível eficácia dessa influência oculta tinha semeado o pânico nos espectadores, que acreditaram que mensagens subliminares podiam transformar qualquer um em criminoso ou doente mental. Essas crenças numa influência potencial das mensagens subliminares são da mesma natureza que as dos videntes, que, no entanto, não se pretendem científicas.

– *Mas, então, o que é subliminar?*
– É aquilo que você percebe diretamente através do inconsciente. Mas não precisamos temê-lo nem regulamentá-lo.

– Existe outra maneira racional de acessar o inconsciente, que não seja nem uma vidência nem uma caricatura de ciência?

– Sim, evidentemente: é a utilizada pelos filósofos, escritores, psicólogos ou psiquiatras e por todos os pensadores que não consideram os seres humanos supérfluos ou inúteis, nem que sua vida subjetiva se reduza a crenças estabelecidas de antemão – superstições – ou a cálculos sem fundamento. Eles consideram que as confissões e as narrativas de si são importantes para compreender quem somos nós, e eles realmente têm razão.

4
Viagem ao centro do sonho

– *Esta noite sonhei que me encontrava em um navio gigantesco, que, na verdade, era uma águia enorme que usava um grande manto com condecorações e trazia um quepe preso no bico. O navio bateu num iceberg. Era de noite, eu ia me afogar; mas a águia se transformou numa jangada e uma parte dela voou, enquanto a outra permaneceu comigo, para que eu não afundasse. O que isso significa?*

– Esse sonho retoma vários elementos do nosso diálogo. Eu comparei o inconsciente a uma ave noturna, e você o transforma numa águia. Eu evoquei o iceberg, essa montanha branca cuja parte mais perigosa está escondida pelo mar. Em seguida, comparei a inconsciência a um barco que vaga em meio às ondas. Mencionei também Descartes e o sujeito cortado em dois. E você sonha que a metade de uma águia o salva do afogamento, protegendo-o, e que a outra sai voando e o abandona.

Isso quer dizer que tudo que falamos ficou gravado em sua memória com imagens fortes. Em todo caso, você compreendeu que o inconsciente era ao mesmo tempo algo misterioso, noturno e temível, mas também algo mais íntimo e acolhedor. Podemos estudá-lo e saber que ele existe sem ter medo de nos afogarmos e sem precisar medi-lo ou pesá-lo.

– Eu tive esse sonho depois de ter visto na televisão um filme formidável sobre o naufrágio do Titanic. *Tinha a impressão de assistir a um sonho. Eu estava sozinho em casa.*

– Você assistiu ao mesmo tempo a um sonho, a uma história de amor romântica, a uma realidade reconstruída graças à magia do cinema e, finalmente, a uma epopeia sobre a força e os defeitos dos seres humanos que termina num pesadelo. E, além disso, você ouviu o nome de Freud.

– *O que você quer dizer?*

– O filme inspirou-se num fato real, ocorrido em abril de 1912, que ficou marcado na mente de todos: o naufrágio do mais belo transatlântico da chamada *belle époque*. Seu nome tinha origem nos titãs, divindades gigantes da Grécia antiga que, apesar de sua força, tinham sido vencidas por outros deuses mais inteligentes: os deuses do Olimpo. Símbolo da onipotência de uma época, marcada pelo progresso da navegação, o *Titanic* do filme leva a bordo, em sua viagem através do oceano Atlântico, 2.500 pessoas, homens, mulheres e crianças de quarenta nacionalidades diferentes e de diversas classes sociais: dos mais ricos aos mais pobres. Entre elas, uma comunidade de grandes burgueses puritanos provenientes da alta sociedade anglo-americana, deslumbrados consigo mesmos, enredados em seu cinismo e ignorância e que se deixam levar pelas ilusões a respeito do seu destino. Eles são o joguete do seu inconsciente. O navio não é aquilo que eles acreditam: ele tem um leme muito pequeno para o seu peso e um número insuficiente de botes salva-vidas. É um titã exposto a inúmeros defeitos, invisíveis para alguns, que não querem ver nada, perceptíveis para outros, que são capazes de se aventurar para além das aparências enganosas.

– O pesadelo é isso?

– Sim. O transatlântico avança rapidamente. Durante a noite, ele se choca com um iceberg e vai a pique, levando com ele 1.500 passageiros. Dois anos mais tarde, a deslumbrante sociedade europeia da época, arrogante e refinada, também soçobrará numa guerra na qual seu avô será morto como milhões de civis e soldados, vítimas de um conflito assassino que oporá as nações europeias mais evoluídas do mundo. Celebramos em 2017 o centenário dessa guerra, cujas últimas testemunhas morreram.

– Você quer dizer que nesse sonho as recordações se misturam: nossas conversas sobre o inconsciente, os sacerdotes, os videntes, os deuses e os psiquiatras e a lembrança do meu antepassado que poderia estar no Titanic*?*

– Sim, seu antepassado poderia ser um dos passageiros do *Titanic*, como meu pai, que sobreviveu à guerra e do qual eu lhe falei várias vezes. Eu lhe mostrei fotos dele nas trincheiras e, como você deve lembrar, nós assistimos juntos a um filme que o impressionou: *A grande ilusão*. Você me disse que o filme parecia um sonho, que Jean Gabin era como seu avô e Pierre Fresnay como meu pai.

– *Sim, é verdade. Mas, então, o sonho é uma profecia?*

– O sonho não prevê nada, ele exprime algo que vem do inconsciente de cada um, mas ele mistura as épocas, os mortos e os vivos, os objetos e os animais, o céu, a terra, o mar. Ele põe em cena fábulas que não existem na realidade. Num sonho, vemos monstros, anjos, personagens com olhos no lugar dos pés, um sexo no lugar de um braço, paisagens com chapéus na cabeça, árvores onde brotam tesouras, bicos de aves implantados em elefantes, cidades suspensas no espaço, robôs que se parecem com seres humanos, humanos com cabeça de peixe.

– *E o meu sonho, significa o quê?*

Seu sonho a respeito da águia que o salva de um naufrágio serve para exprimir seu medo e a maneira de exorcizá-lo, de derrotá-lo: ele é, ao mesmo tempo, o medo e o remédio para o medo. Mas a águia também é seu avô e meu pai. Os dois usaram quepe e casaco durante a Grande Guerra. Um morreu e o outro sobreviveu, como em *A grande ilusão*.

– *Todo mundo sonha?*

– Todos os seres humanos sonham, e todos os povos atribuíram um significado aos sonhos: existem sonhos bons e sonhos maus (os pesadelos). O sonho é um fenômeno universal que se produz durante o sono. Ele é constituído de uma série de imagens que escapam a qualquer controle. Quando você assistiu ao *Titanic*, ficou impressionado, como eu, com as imagens de um filme que se parece tanto com um sonho como com a realidade. O cinema é sempre uma máquina de inventar sonhos.

– *Os sonhos são uma parte da realidade?*

– Sim, de fato, eles são a realidade daquele que dorme. Durante milênios, em todas as sociedades, pensou-se que os sonhos eram profecias ou maus presságios que anunciavam, na maioria das vezes, catástrofes e tragédias. Aliás, utilizava-se a expressão "sonho premonitório" para designar o sonho. A onirologia era a arte de interpretar os sonhos – isto é, o que é onírico – como mensagens enviadas por Deus ou pelos deuses. No judaísmo e no cristianismo, Deus se dirige aos homens lhes "enviando" sonhos.

– *Dê-me alguns exemplos...*

– Poderíamos contar uma infinidade de histórias de sonhos e adivinhações. Mas vou contar a do rei Nabucodonosor, personagem bíblico que deu origem à expressão "gigante com pés de barro", que empregamos com frequência. Enquanto dormia, há 2.600 anos, o rei avista uma estátua composta de diversos metais: a cabeça de ouro, o peito de prata, o ventre e as coxas de bronze, as pernas de ferro, e os pés metade de ferro e metade de barro. Uma pequena pedra, descolada da montanha, vem se aninhar aos pés da estátua e depois acaba tomando toda aquela terra. Inquieto, o rei manda chamar seus adivinhos, que se mostram incapazes de interpretar o sonho. Alertado, o profeta Daniel se dirige a Deus, que, durante a noite, lhe revela o significado do sonho.

– *O que faz o profeta?*

– Ele explica ao rei que seus magos não têm o poder de interpretar esse sonho, e que só Deus detém a verdade. "Vós sois o rei dos reis", diz ele, isto é, a cabeça de ouro da estátua, um homem poderoso e venerado. Mas depois de vós virão outros impérios cada vez mais medíocres, e o último desmoronará para dar lugar ao reino de Deus, representado pela pedra que se tornou montanha.

– *Mas é a mesma história do* Titanic?

– De fato, trata-se de uma profecia que anuncia a decadência dos impérios e a chegada de um novo reino mais justo, capaz de destruir aqueles que se consideravam os mais poderosos do mundo. Você não precisa acreditar em Deus para compreender essa fábula do gigante com pés de barro. Ela significa, como na história do *Titanic* e como na história de todos os seres humanos, que se nos considerarmos muito poderosos, rapidamente caímos no exagero e acabamos perdendo de vista a realidade. Somos então vencidos por algo mais forte que um império: uma ideia, uma aspiração, aparentemente tão frágil quanto o barro. Em suma, uma utopia, isto é, uma coisa impossível que de alguma forma se tornaria possível. Um sonho tornado realidade.

– *Existe uma diferença entre o sonho e o devaneio?*

– O sonho é um espetáculo que ocorre durante a noite. É algo puramente noturno, que se exprime durante o sono. A vida noturna se contrapõe à vida diurna, à vida real, ao cotidiano. Mas ela também pode ser considerada a continuidade da vida real.

– *Em que você está pensando?*

– Você assistiu comigo, na Comédie-Française, à peça do grande poeta inglês William Shakespeare, *Sonho de uma noite de verão*, escrita há quinhentos anos, quando as pessoas começavam a duvidar seriamente da onipotência divina. Ela põe em cena quatro casais de namorados que se enfrentam: um rei e uma rainha do dia, um rei e uma rainha da noite (elfos), divindades invisíveis e fantásticas que vivem nas florestas, dois jovens e duas jovens que não conseguem se amar. Aos quais vem se juntar um bufão que se transforma em asno. Aqui a vida noturna permite apagar as fronteiras entre o humano e o sobrenatural, abolir os conflitos inúteis a fim de que cada personagem possa amar quem ele deseja.

Nesse devaneio acordado, o sonho é um hino à vida humana, à alegria, à liberdade e ao desejo erótico. Ele não é uma profecia e nenhum rei reina nesse reino da noite. O sonho dessa noite de verão permite realizar um devaneio, isto é, um desejo amoroso e sexual proibido durante o dia e recalcado no inconsciente. O sonho é um devaneio contado como uma fábula.

– Encontrei na internet dezenas de sites que oferecem classificações dos sonhos. Existe também um monte de dicionários de devaneios. Como não se confundir?

– Na verdade, todos esses dicionários e outros tratados de vulgarização inspiram-se num livro muito divertido que você pode ler sem dificuldade: *A chave dos sonhos (Oneirokritika)*. Ele foi escrito há 1.800 anos por um filósofo grego do Império Romano, Artemidoro de Daldis. Esse grande viajante tinha visitado todos os países do Mediterrâneo, à maneira de um pesquisador ou jornalista, com o único objetivo de recolher uma grande quantidade de sonhos junto às populações e aos adivinhos que ele encontrava. Ele tinha explorado todas as bibliotecas e lido centenas de livros sobre sonhos.

– Nunca ouvi falar desse Artemidoro...

– E, no entanto, quando você fala de sonhos, é como Artemidoro. Ele realizou uma verdadeira exploração de todas as produções oníricas retomadas hoje nos manuais sobre *A chave dos sonhos* que encontramos facilmente na internet. Ele fez um inventário e redigiu listas, mas, sobretudo, ele foi o primeiro a diferenciar os sonhos, que seriam profecias, dos devaneios, que seriam a expressão de um desejo pessoal. Ele também foi o primeiro a estabelecer diferenças entre os sonhadores a partir da narrativa de um mesmo sonho. Artemidoro fala da vida privada, do nascimento, da família, da sexualidade, da morte, do trabalho, das relações entre homens e mulheres e entre pais e filhos.

– *Qual era o objetivo d'*A chave dos sonhos*?*

– A obra tinha um objetivo pedagógico e teve um alcance revolucionário. Tratava-se, na verdade, de explicar aos leitores provenientes de todas as camadas sociais que eles não precisavam recorrer a adivinhos, magos ou oráculos para interpretar seus sonhos. Graças a um ensinamento rigoroso, baseado na pesquisa e na experiência, e por meio de classificações lógicas, eles mesmos podiam compreendê-los sozinhos, deixar de temê--los e, consequentemente, dar um significado à sua dupla existência: a do dia (diurna) e a da noite (noturna).

– Mas você disse que as pessoas hoje consultam muito magos, videntes, adivinhos e charlatães. Isso quer dizer que elas temem, como outrora, que profecias trágicas se tornem realidade?

– De fato. Artemidoro procurava, como outros pedagogos ou filósofos, controlar os medos da época. E seu livro foi muito difundido.

– Mas é possível controlar os medos?

– Não completamente. Nós todos somos hoje um pouco supersticiosos, mesmo que não acreditemos mais nem nas profecias nem nas maneiras de domesticá-las, e mesmo que sejamos pessoas racionais.

Por exemplo, embora saibamos que o avião – que substituiu o transatlântico – é o meio de transporte mais seguro, embora leiamos uma grande quantidade de artigos a esse respeito, ainda assim temos medo de cair do céu. E esse medo aumenta quando as viagens são longas ou quando as catástrofes acontecem. Todos nós temos um *Titanic* na cabeça e todos nós precisamos de um

Artemidoro para nos proteger. Artemidoro é como a águia do seu sonho.

— *Você disse que nesse filme eu tinha ouvido o nome de Freud. Não tenho nenhuma lembrança disso...*

— Assista ao filme de novo, especialmente o começo.

5
Um médico em Viena

– *Assisti à cena do* Titanic *a que você se referiu a propósito do nome de Freud. Durante o jantar, Rose, a heroína do filme, ridiculariza o presidente da companhia marítima, que se vangloria do tamanho, do luxo e da potência do seu transatlântico. Ela diz: "O senhor conhece o dr. Freud? Suas ideias a respeito das questões masculinas relacionadas à potência dos homens poderiam interessá-lo". E ele responde: "Quem é esse Floyd, um passageiro?". O que isso quer dizer?*

– Rose está revoltada com os riquíssimos e arrogantes burgueses que embarcaram no *Titanic*. Eles são estúpidos, desprezam a inteligência, a arte e a pintura moderna de

Picasso e Manet. Rose os detesta. Mas, ao mesmo tempo, ela pertence a uma família de aristocratas arruinados. Sua mãe, uma viúva rígida, vítima da sua condição de mulher prisioneira de seus preconceitos, obriga a filha a se casar com um desses homens a fim de poder preservar sua posição social. Rose se revolta e tenta se suicidar. Ela é salva por um jovem pintor de condição modesta, que também embarcou no *Titanic*, na terceira classe, com os emigrantes que sonham com a América. Nessa época, a América é o sonho coletivo da Europa, o sonho de uma outra vida, encarnado pela arte cinematográfica, por Hollywood. Mas ela sabe que não conseguirá escapar desse casamento que lhe causa horror.

Portanto, ela está condenada a uma revolta impotente: a das jovens de sua geração que não conseguem se livrar da opressão do seu meio. Ela se sente oprimida por esses homens insuportáveis que se consideram onipotentes.

– *O que isso tem a ver com Freud?*

– Rose sabe da existência desse médico, Sigmund Freud, judeu austríaco, célebre no mundo inteiro. Quatro anos antes, aos 53 anos, ele atravessou o Atlântico a bordo de outro transatlântico, o *George Washington*. Por ocasião de um jantar de gala no *Titanic*, como você viu, ela esfrega o nome de Freud na cara do imbecil, que não compreende do que se trata.

– *É um nome mágico para ela?*

– Sim. Rose sabe que Freud conquistou a Europa e a América com suas ideias novas sobre o amor, o sexo, o sonho e o inconsciente, enquanto cuida de jovens como ela que são sufocadas por pais omissos cheios de poder e por mães destruidoras e submissas. Podemos deduzir dessa cena do filme que ela desejaria conhecer Freud para lhe contar seus problemas e não sentir mais as decepções que a mãe lhe impõe. Rose faz parte do grupo de moças conhecidas então como neuróticas (perturbadas), que gostariam de viver livremente, se realizar amorosamente, trabalhar, se emancipar, fumar cigarro, dançar, usar calça comprida. Mas elas não conseguem fazê-lo, pois uma força interior as impede e as força a uma obediência que elas recusam. Daí o conflito, a agitação e o desejo de morrer.

– *Rose está doente?*

– Não, mas o mundo em que ela vive está. Rose sabe que Freud questiona o domínio dos homens sobre as mulheres. Então ela zomba do presidente da companhia marítima fazendo alusão à suposta "potência" do seu transatlântico, comparado a um órgão sexual masculino: um pênis. Ao contrário dele, ela percebe claramente o perigo a que todos estariam expostos em caso de naufrágio. Ela observou que não havia uma quantidade suficiente de botes salva-vidas.

– *Que diz exatamente Freud a propósito das crianças? E por que isso é sempre considerado tão escandaloso?*

– Quando Freud publica seu estudo sobre a sexualidade infantil em 1905, ele não utiliza nem palavras latinas nem termos vulgares. Ele explica, num estilo simples e com palavras de uso corrente, como as crianças imaginam a sexualidade a partir dos 4 anos, a idade de Gabor hoje. E a explicação ainda é válida. É verdade que esse livro destinava-se aos adultos, mas ele desmistifica a ideia de que as crianças pequenas ignorariam seus corpos ou as relações sexuais entre os adultos. Freud pensava que era preciso chamar os órgãos sexuais e os atos carnais pelo nome e não ficar assustado diante da evocação das práticas sexuais. Ele explicava o que as crianças querem dizer quando empregam palavras próprias para designar a diferença entre meninas e meninos ou a maneira pela qual elas são concebidas pelos pais.

– *Dê-me um exemplo.*

– Ele explica que o ato de sugar, as brincadeiras com o corpo ou os excrementos são uma fonte de prazer para as crianças. Ressalta que, antes dos 4 anos, a criança é um ser cruel que se entrega a todo tipo de experiências prazerosas, às quais renunciará na idade adulta. Ele diz também que essas atividades eróticas da criança não conhecem leis nem proibições, e que elas se satisfazem com um monte de objetos: bonecos de pelúcia, pedaços de plástico, bolinhas de gude, panos, partes do corpo (pés, mãos, peito).

– *Mas, essas crianças tão novas e que mal falam, o que elas querem dizer ao fazer tudo isso?*

– Elas inventam todo tipo de teoria a propósito da sua origem. Pensam, por exemplo, que os bebês vêm ao mundo pelo ânus, como as matérias fecais, que as mães dão à luz pelo umbigo, que as mulheres e os homens têm relações por trás como os gatos e os cães, que o sêmen depositado no ventre é urina, que os homens podem levar os bebês na barriga como as mulheres.

Freud também percebeu que as crianças dizem que querem se casar com os pais quando crescerem, que os meninos querem ocupar o lugar do pai, e as meninas, o da mãe, ou vice-versa, e que tanto eles como elas vivem em rivalidade constante com os adultos.

– *Mas não é verdade, eu nunca pensei nisso...*

– Claro que sim, você pensou e até mesmo disse, mas não se lembra. Escute os menores que você e verá o que eles dizem...

– *Você quer dizer que esqueci o que eu disse e pensei quando era menor?*

– Exatamente. Ainda bem, aliás. Se nos lembrássemos de tudo, viraríamos um robô ou um computador. Também é preciso esquecer. Podemos até mesmo dizer que esse esquecimento é necessário, é um recalque, isto é, algo que é repelido para fora da consciência. Na verdade, essas histórias infantis são fantasmas que exprimem situações imaginárias recalcadas no inconsciente.

– *O que é recalcado nunca mais volta?*

– Ao contrário, o que é recalcado pode voltar à consciência em um determinado momento ou se manifestar por meio de sinais: pronunciar uma palavra em vez de outra, enganar-se com nomes próprios, um lapso (uma palavra no lugar da outra). Para lhe dar uma ideia do que denominamos "retorno do recalcado", pense num romance policial com o seguinte roteiro. Um assassino esconde cuidadosamente um cadáver. Para dissimular seu crime, ele elimina todas as pistas. Um dia, porém, por acaso, elas reaparecem no momento em que ele menos espera. É isso o retorno do recalcado.

– Com suas histórias sobre a sexualidade e o recalque, Freud trouxe, então, algo de novo para o conhecimento do inconsciente?

– Freud abandona os adivinhos, as profecias, as pesquisas empíricas, as classificações dos psiquiatras e dos psicólogos, mas também a ideia de que os sonhos seriam diferentes conforme os países e as culturas. Ele transforma o sonho no caminho principal para compreender o inconsciente de todo mundo, um fenômeno universal presente em todos os seres humanos, qualquer que seja o país e a classe social. Uma novidade: em vez de interpretar os sonhos para lhes atribuir um significado indiscutível, ele pede que o próprio sonhador o comente. A verdade do sonho surge, então, de um diálogo entre aquele que sonha e aquele para quem o sonho é relatado.

– *Mas, então, como conhecer esse inconsciente?*
– Por meio da interpretação dos sonhos, mas não apenas dessa maneira. Para cada pessoa, o sonho é a realização de um desejo inconsciente que o sonhador recalca. Por exemplo, se você sonha que uma pessoa que você ama lhe traz sua cabeça cortada numa bandeja, isso pode significar que você deseja inconscientemente cortar-lhe a cabeça, o sexo ou outra coisa. Mas isso também pode significar que você tem medo que sua cabeça seja separada do seu corpo. Podemos multiplicar infinitamente as interpretações, segundo a maneira que você contará o sonho. Mas o sonho não prediz nada e não determina sua conduta futura. Ele se limita a dizer o que se passa em seu inconsciente.

– *Existe um método para não se enganar de interpretação?*
– Não, nenhum método é infalível. Freud chamou de psicanálise, ou cura pela palavra,

o método que permite explorar o inconsciente. Esse método não se destina apenas a tratar pessoas que não estão bem, ele diz respeito a todo mundo, a qualquer pessoa que deseje saber o que se passa com ela.

– *Você não acha que isso tudo está um pouco fora de moda? Hoje as crianças assistem a filmes pornôs na internet e estão completamente informadas sobre tudo.*

– Sim, é verdade, tudo mudou desde a época de Freud. E é um avanço importante. Mas não é porque assistimos a atos sexuais na televisão que necessariamente compreendemos o que vemos. Isso seria muito simples. Você acredita realmente que o fato de assistir a esses filmes permite ser um prodígio amoroso e sexual?

– *Por que não?*

– As crianças, assim como os adultos, aliás, podem estar informadas a respeito de uma realidade sem que por isso a compreenda ou assimile. Hoje em dia, aliás, com os *tablets*, as telas e os *sites*, somos inundados por imagens e informações. Podemos aprender milhares de coisas, mas se não soubermos fazer uma triagem ou se não nos conhecermos, seremos rapidamente soterrados por elas. E depois tem aquilo que aprendemos conscientemente e que recalcamos no inconsciente.

– *O que você quer dizer?*

– Você lembra que, quando tinha 5 anos, seu melhor amigo morreu num acidente. Disseram a você que não se deve mentir para as crianças a respeito de coisas importantes. Você ficou muito triste, compreendeu muito bem e, no entanto, um mês mais tarde disse: "Compreendi muito bem que Benoît morreu, mas por que ele não vem mais brincar em casa?".

– *Não me lembro. Mas o que isso quer dizer?*

– Quer dizer que podemos muito bem dar a impressão de compreender tudo sem ter assimilado no inconsciente o que sabemos conscientemente. Podemos tomar do inconsciente uma coisa diferente daquilo que vemos e pensamos conscientemente. Karine assistiu a um filme pornográfico com os colegas do colégio. Quando lhe perguntei o que ela tinha memorizado, ela me respondeu que era tudo falso, porque a verdadeira sexualidade é "nanar junto" e "ter bebês".

– *O que você acha da exposição* O pipi sexual [Le zizi sexuel], *que conta as aventuras de Titeuf e Nadia?*
– Não a vi, mas Émile fala bastante dela. Ele achou que era de morrer de rir, especialmente a máquina em cujo pedal as pessoas se apoiam para erguer um "pipi ereto" que ejacula.

– *Mas ela provocou um escândalo! Houve até uma petição para proibi-la!*
– Sim, é claro, existem sempre pais que acham que os filhos são idiotas. E você, o que acha disso?

– *Eu vi com os meus amigos. Eles se divertiram bastante, mas eu fiquei entediado, pois não existe nenhuma história e é técnico demais.*
– Sim, é verdade. Mas você também me disse que tinha ficado espantado quando o seu amigo lhe disse que a exposição o tinha ajudado a compreender que ele não deveria ter medo quando seu pipi intumescia. Antes dessa visita, ele estava convencido de que os

médicos cortariam seus pés se ele não conseguisse impedir essa intumescência.

– É verdade, e, consequentemente, eu conversei com ele sobre isso. Agora me diga qual é a diferença entre esse inconsciente freudiano e o subconsciente dos psicólogos e psiquiatras aos quais nos referimos anteriormente.

– Freud aboliu a ideia que o pensamento estaria dividido em dois, como dissera Descartes. Ele eliminou as fronteiras entre a razão e a loucura e mostrou que somos ao mesmo tempo racionais e irracionais, e que existe uma continuidade entre o corpo e a alma.

Cada um de nós é, ao mesmo tempo, um adulto e uma criança, um doente e uma pessoa saudável, um selvagem e um civilizado, um criminoso e um herói, um artista e um tirano. Nós não somos divididos em dois, mas somos algo e, concomitantemente, seu contrário. Não somos um objeto com duas facetas bem definidas, mas um cruzamento onde transita todo tipo de forças contrárias que é preciso controlar. Essas forças são chamadas de pulsões, isto é, cargas energéticas que tanto podem nos destruir como nos impelir na direção do amor, da arte, da beleza, da criação.

– *Em suma, o que é esse inconsciente?*

– É um reservatório do passado que está separado do presente: é algo desconhecido, uma cena que escapa da consciência. É como as ruínas de Pompeia: uma cidade soterrada cujos vestígios procuramos sem conseguir determiná-los. O inconsciente é a infância gravada na memória, é um romance onde se cruzam heróis de todas as épocas e países. É um lugar atemporal em que nada termina, nada avança, nada recua.

– *Você quer dizer que Freud substituiu a consciência pelo inconsciente, a alma pela pulsão e o sonho pelo desejo do sonhador?*

– Sim, e ele pôs ordem no galinheiro inventando palavras para descrever o que os antigos chamavam de psique. Ele a dividiu em três regiões: o consciente, equivalente da consciência; o pré-consciente, parte inconsciente do consciente; e o inconsciente, constituído pelo recalque e por aquilo que escapa ao consciente e ao pré-consciente.

– *Mas então tudo é dominado pelo inconsciente?*

– De fato. E Freud acentuou esse reinado do inconsciente ao definir depois essas três regiões com os seguintes nomes: id, superego e ego. Ele eliminou, portanto, a ideia de que o sujeito está dividido em dois (Descartes) e assimilou a alma (de Platão) ao inconsciente.

O id é a região mais impenetrável da personalidade, isto é, o inconsciente no sentido do desconhecido. O superego é a consciência moral, situado no interior da personalidade e transmitido pela autoridade da família, da sociedade ou dos educadores. Ele anuncia as proibições: o que você pode ou não pode fazer. Por exemplo, proibição de cometer incesto, crimes, delitos etc. Finalmente, o ego é a parte mais consciente dessa estrutura: ele se equilibra entre o mundo exterior (a realidade), o id (o caldeirão de pulsões) e o superego: uma pobre criatura que tem de servir a três senhores. Um equilibrista enfrentando os perigos com a ajuda de uma vara não confiável.

Além disso, Freud acrescentou ao superego um "ideal de ego", isto é, um modelo de referência idealizado. Quando você se engaja numa causa para defender valores, você se vincula, quer queira ou não, a um ideal: o bem, a justiça, ou, ao contrário, o mal e o crime. Em suma, Freud permitiu que compreendêssemos que existe uma lógica do inconsciente. E essa lógica nunca se engana, mesmo que não consigamos decodificá-la.

Freud transformou o destino numa lógica da qual ninguém pode escapar.

– *Que lógica é essa?*

– É o conjunto das regras que organizam o inconsciente. Quando dizemos que existe uma lógica do inconsciente, isso significa que o inconsciente funciona de acordo com regras, e Freud descreveu essas regras.

– *Isso quer dizer que somos obrigados a admitir hoje que temos um inconsciente e que ele é lógico. Para que serve isso?*

– Bem, por exemplo, quando uma pessoa que tem tudo para ser bem-sucedida – talento, beleza, inteligência etc. –, mas passa o tempo se enganando, se autodestruindo, detestando os outros, enquanto atribui todos os seus fracassos ou enganos a circunstâncias externas, podemos dizer que seu inconsciente está lhe pregando peças. Seu inconsciente, isto é, aquilo que ele recalca, é então o principal responsável por aquilo que lhe acontece: ele é sua "má-fé", a origem de sua cegueira. É melhor que ela tome consciência de que aquilo que a perturba vem em parte dela mesma, mesmo se ela foi realmente perseguida ou foi vítima de algum opressor.

– Mas você também disse que há pessoas que não precisam saber que elas têm um inconsciente. O que elas têm no lugar dele?

– Como eu já disse, elas têm as religiões, os xamãs, as drogas, os tratamentos químicos, as classificações da psiquiatria, as crenças, os espíritos que organizam complôs, os neurônios, o subconsciente, a supraconsciência subliminar.

Mas isso não impede que o nome de Freud esteja presente agora na cultura universal. E, a propósito, se suas ideias não tivessem sido vitoriosas, não haveria inimigos de Freud e não discutiríamos tanto o inconsciente. Não teríamos necessidade dele.

– Isso quer dizer o quê?

– Isso quer dizer que Freud deu seu nome ao inconsciente.

6
Existe uma vida no inconsciente?

– *Sabemos agora que Freud deu seu nome ao inconsciente. Sabemos que o inconsciente é uma parte desconhecida do nosso pensamento, que ele se exprime nos sonhos e ludibria nossa vigilância. O inconsciente está contido no cérebro, mas não o encontramos em nenhum neurônio. Sabemos que as pessoas consideradas "inconscientes" exprimem o que está contido em seu inconsciente. Sabemos que quando recalcamos um desejo ou uma ação, o recalcado volta para nos incomodar. Mas existe uma vida no inconsciente, que seria como a vida num outro planeta diferente do nosso?*

– Sim, é claro. Mas ela seria, na verdade, uma vida inconsciente: a vida do id. Uma vida paralela que convive com a vida consciente numa mesma pessoa.

Algumas mulheres afirmam possuir personalidades diferentes e que cada uma delas pode assumir, alternadamente, o controle das outras. Por exemplo: uma mulher pode afirmar que à noite ela é uma princesa indiana e de dia uma amazona vinda das estepes da Mongólia. Na semana seguinte, ela se torna uma dama da Idade Média encerrada num castelo e ameaçada por um dragão. Depois, se transforma numa rainha africana.

Uma outra mulher está grávida, mas não se dá conta de que traz um bebê dentro de si. Quando dá à luz, ela tem a impressão de ter sido libertada de algo que a incomodava. Ela põe o recém-nascido num saco de lixo e o esconde num congelador.

Essas mulheres levam uma vida consciente perfeitamente normal. Elas vão toda manhã para o trabalho, e ninguém ao seu redor percebe a existência de suas vidas paralelas delirantes.

– *São sempre mulheres?*

– Não, também existem homens com vidas múltiplas. Algumas mulheres e alguns homens estão convencidos de que tiveram vidas anteriores. Uns eram leões ou imperadores, outras eram gazelas ou deusas. Às vezes, as pessoas evocam os espíritos dos mortos. Chamamos isso de espiritismo. Pode ter certeza de que ao seu redor deve haver pessoas que se reúnem à noite e fazem as mesas se moverem ao contato das mãos, depois formam um círculo e esperam que os mortos se comuniquem. Também existe gente que ouve vozes ou que cruza com fantasmas na rua. Dizemos que elas têm alucinações; a consciência delas não controla o inconsciente. Sua loucura não é imediatamente perceptível.

– *Um cientista pode ter uma vida paralela, pode delirar?*
– Sim, e esse foi o caso de Kurt Gödel, o maior lógico do século passado, autor do famoso teorema da incompletude, por meio do qual ele demonstra que um sistema axiomático não pode ser ao mesmo tempo coerente e completo e que, se o sistema é coerente, então a coerência dos axiomas não pode ser provada no interior de um mesmo sistema. Assim como Einstein e Darwin, esse cientista revolucionou nossa representação do mundo. Bem, esse mesmo cientista estava

convencido, por outro lado, de que mundos imaginários conviviam com o mundo humano! Por isso ele quis dar uma base teórica à existência de demônios, anjos e extraterrestres. Ele definia a família como um átomo em que o homem seria o núcleo, e a mulher, o elétron diabólico. Certo dia, partindo da teoria de que os universos são giratórios, ele reservou vários quartos de hotel em Paris a fim de ocupá-los simultaneamente num tempo em duas dimensões...

– *As crianças têm inconsciente?*

– Sim, mas é um inconsciente frágil. Ele se forma gradativamente, à medida que ocorre a aprendizagem da linguagem e da fala. Ninon, com 8 anos, não sabe o que é o inconsciente, mas sua irmã mais velha, Zoé, o define muito bem, como Lucie, aliás. Isso quer dizer que elas têm consciência de que possuem algo desconhecido dentro de si.

– *Portanto, o inconsciente pode realmente falar sozinho fora da consciência?*

– Não exatamente, mas ele pode invadir toda a parte consciente do sujeito porque possui uma lógica própria. Dois poetas, André Breton e Philippe Soupault, inventaram uma arte nova em 1920 e a denominaram surrealismo: além ou acima do realismo. Tratava-se, para eles, de libertar o inconsciente e o sonho de toda forma de controle pela razão. Assim, para o movimento surrealista, a criação literária ou pictórica deveria se tornar a tradução literal dos pensamentos inconscientes: uma maçã quadrada, uma laranja verde, uma máquina de costura que passeia com um bonde. Também se podem justapor imagens ou palavras de maneira ilógica: um asno em cima de um piano, pedaços de parede levados por uma tempestade, um sexo no lugar do rosto, janelas que se abrem para um personagem visto de costas. Ele se observa num espelho que reflete suas costas, não seu rosto.

– *Mas isso não era um delírio, como no caso das personalidades múltiplas ou das vidas paralelas?*

– Não, era uma experiência destinada a dar voz à lógica do inconsciente.

– *Você também disse que o inconsciente fala por meio de histórias e lendas. Ele não é, portanto, unicamente uma propriedade minha?*

– Na verdade, o inconsciente também é coletivo. Ele contém invariantes da condição humana denominadas mitos, isto é, relatos explicativos sobre nossas origens: a origem do mundo, do ser humano, dos fenômenos naturais. A mitologia é o conjunto desses mitos, que possuem inúmeras variantes. Encontramos os mesmo mitos em todas as culturas e religiões. Eles contam as mesmas histórias: a luta dos filhos contra os pais, a necessidade de se revoltar contra a tirania para instaurar uma sociedade melhor, o lugar da sexualidade nas relações entre homens e mulheres, a ideia de que a vida é uma longa viagem e que, antes de encontrar a sabedoria, é preciso enfrentar provações.

– *Uma longa viagem?*
– Você conhece a história de Ulisses, o rei de Ítaca, que partiu para enfrentar os troianos. Esse homem astuto levará vinte anos para voltar ao seu país e encontrar a mulher, Penélope, e o filho, Telêmaco. E ele deverá enfrentar todo tipo de provações durante a viagem. Irá ao inferno e terá aventuras eróticas. Finalmente, depois de reencontrar a esposa fiel, ele será morto por Telêgono, o filho que ele havia tido com a feiticeira Circe. Como na história de Édipo que lhe contei, o filho não sabe que está matando o pai, e este não

sabe que o assassino é seu filho. É o destino transformado em inconsciente: quando sabe a verdade, ele o perdoa. Quanto a Telêmaco, o outro filho de Ulisses, ele assumiu seu lugar junto a Penélope durante a ausência do pai, para protegê-la dos pretendentes. Ele também é o joguete do seu destino, determinado pelo oráculo. Depois da morte de Ulisses, ele se casará com Circe, a mãe de Telêgono, o qual se tornará o marido de Penélope. Deste último casamento nascerá Ítalos (a Itália). Assim, uma mãe se casa com o filho que seu marido teve com outra mulher, e um filho se casa com a mãe de seu meio-irmão.

– *Portanto, o inconsciente está cheio de mitos, de viagens e de vidas paralelas?*

–Sim, e os mitos nos remetem à nossa história individual e àquilo que é permitido e proibido numa sociedade. Cada um de nós procura se livrar de um tirano, cada um de nós tem desejos de poder e de matar, cada um quer viajar e aspira a uma vida melhor, e cada um deseja saber de onde veio: quem é seu pai, quem é sua mãe, como ele mesmo veio ao mundo, o que aconteceu antes do seu nascimento.

– Qual é o mito que aparece com mais frequência?

– O da criança abandonada que não sabe quem são seus pais. Determinada a buscar sua identidade, a criança percorre o mundo, torna-se uma heroína, liberta o reino de uma tirania, põe-se a serviço dos explorados, contra os exploradores. Mas o mito também pode se transformar no oposto, como na história de Édipo. O herói torna-se então um maldito ao matar, sem o saber, o pai e ao cometer incesto. Em geral, ele paga pelos erros da geração anterior. Outra versão possível: o herói se livra dos crimes cometidos por seus ancestrais ao restabelecer um poder baseado na justiça. Ou então ele tem uma origem modesta e consegue, por meio da educação, tornar-se sábio; ou, ao contrário, ele tem uma origem divina e real e se põe a serviço dos necessitados. Ou, ainda, o herói é um bastardo ou um "mal-amado", expulso pelo pai, e que volta depois para se vingar, assumindo o poder e semeando o terror em seu reino. Você viu isso em inúmeras séries de TV.

– Como isso esclarece a história pessoal?

– Há cerca de cem anos, Otto Rank, um discípulo de Freud, estudou as lendas relacionadas ao mito do nascimento do herói.

Ele percebeu que Rômulo, Moisés, Édipo, Jesus, Lohengrin e muitos outros são crianças encontradas, abandonadas ou deixadas ao sabor das águas por pais pertencentes à realeza, preocupados em preservá-las de uma profecia. Destinadas à morte, elas geralmente são recolhidas e criadas por uma família de classe social inferior. Na idade adulta, elas descobrem sua verdadeira identidade e têm acesso a uma nova vida.

Transposto para nossa história individual, esse mito significa que as crianças – meninos ou meninas – têm a tendência de idealizar os pais, de querer se parecer com eles para depois se afastar deles e, às vezes, até mesmo de inventar outros pais mais adequados ao seu desejo. Existe todo tipo de variante.

– *Por exemplo?*

– Bem, vou lhe contar a história de Émile, que foi adotado ao nascer. Ele não sabia que tinha sido adotado. Aos 5 anos, ele começou a ficar muito ansioso. Dizia que seus pais não eram seus pais, que ele tinha nascido num ninho no alto das árvores, que era um pássaro e que esperava ter asas. E, mais tarde, ele começou a colecionar passaportes, documentos de identidade e fotografias de paisagens estrangeiras. Ele afirmava que lhe tinham dado um nome que não era o seu. Como você pode ver, seu inconsciente sabia algo que ele não conhecia conscientemente: um segredo de família. Tinham escondido dele a verdade sobre suas origens e isso o fazia sofrer. Isso mostra que o inconsciente não se engana.

– Você acha, então, que devemos dizer a verdade às crianças?

– Sim, é preciso encontrar as palavras certas para dizê-la, pois, de todo modo, assim como nas lendas e nos mitos, quando as crianças crescem elas acabam sempre por conhecê-la. Ela habita sua memória inconsciente.

7
Os animais têm inconsciente?

– *Quando sonho, vejo animais. Isso quer dizer que o inconsciente está cheio de animais?*
– Esses animais que você vê no sonho são quimeras, isto é, monstros compostos, por exemplo, de uma cauda de cachorro, um corpo de cabra com asas, uma cabeça humana, dentes de leão e patas de elefante.

– *Mas por que animais?*
– Porque os animais são, desde sempre, os companheiros dos humanos, sejam eles selvagens ou domésticos. Nas sociedades primitivas, um animal pode ser venerado como um deus, como um ser mítico – um totem – que

designa o ancestral de um clã. Você certamente já viu totens indígenas ou africanos nos museus. São esculturas magníficas. Além disso, os deuses e as deusas podem ter uma feição humana ou animalesca, ou ambas ao mesmo tempo. Só as religiões monoteístas baniram a figura do animal divinizado, exceto para pô-lo no inferno. O diabo, por exemplo, seja qual for o seu nome – demônio, Satã ou outro qualquer –, é sempre um animal. É um anjo decaído que personifica o mal.

– Nós não somos descendentes dos macacos?

– É claro, nós pertencemos à família dos hominídeos, isto é, dos primatas que chamamos de macacos: os chimpanzés. Pertencemos, em parte, ao reino animal dos mamíferos, aqueles que alimentam os filhotes com leite. Mas isso não quer dizer que o ser humano seja um macaco, um gato, um rato ou um cão.

– Mas você disse que algumas pessoas podem ter a convicção de que são outra coisa além delas mesmas. Bem, eu tenho uma amiga que está convencida de que, por amar os gatos, ela teria sido um gato em outra vida.

– Não é apenas um delírio ou uma brincadeira. Algumas religiões pregam a crença na metempsicose, isto é, a ideia da transmigração da alma de um corpo a outro, inclusive o de um animal. Nesse caso, não se deve comer o animal.

– Se o nosso inconsciente está povoado de animais, isso quer dizer que os animais sonham com os seres humanos?

– Não é possível saber, já que os animais não podem contar os seus sonhos.

– Mas como sabemos que eles sonham?

– Porque eles soltam gritos durante o sono. Só os humanos têm conhecimento da vida dos animais.

– Se os animais sonham, isso quer dizer que eles têm inconsciente?

– Durante muito tempo se considerou que os animais, como os escravos e os loucos, eram coisas. Dizia-se, aliás, que eles eram inconscientes porque obedeciam a forças assassinas. Portanto, era preciso domesticá-los ou prendê-los em jaulas, ou então deixá-los esfomeados para ensiná-los a matar gente. Como os loucos, os animais foram presos em centros de estudo e depois em zoológicos, onde eram expostos à visitação pública.

– *Portanto, ser inconsciente significa ser louco ou ser um animal?*

– De certa maneira, sim. Em todo caso, os animais eram considerados loucos: desprovidos de razão ou de consciência. E é por motivos idênticos que, durante séculos, os anormais foram comparados aos animais.

– *Os anormais?*

– Sim, os corcundas, os anões, os albinos, os mongoloides, os siameses, as pessoas com má-formação física ou, ainda, as crianças selvagens que, abandonadas ao nascer, sobrevivem nas florestas sem nunca aprender a falar. Outrora eles eram exibidos em circos ou então eram confiados a cientistas e médicos para serem analisados. Porém, com as conquistas coloniais, também foram tratados da mesma maneira os povos originários, os selvagens, os índios e os africanos. Durante muito tempo as pessoas se perguntaram se eles tinham alma ou consciência.

– *Mas, justamente, como você disse, ter um inconsciente não é a mesma coisa que ser inconsciente.*

– Realmente, e é por isso que hoje não se diz mais que o louco ou o animal é inconsciente. Nós sabemos que os animais sofrem, têm emoções e que, mesmo que não possuam nenhuma representação da morte, eles experimentam sensações quando um de seus familiares está agonizando. Não podemos dizer que eles têm um inconsciente como o nosso porque eles não têm nem consciência, nem razão, nem linguagem para exprimi-lo. Mas os animais – principalmente os hominídeos e alguns mamíferos – têm um inconsciente dito "cognitivo", isto é, um inconsciente capaz de imprimir nos neurônios o que acontece ao seu redor.

– Portanto, a diferença entre o ser humano e o animal é que no ser humano o inconsciente se exprime por meio da linguagem, ao passo que no animal ele não se exprime, mas registra sensações.

– De fato, nesse sentido pode-se dizer que existe um inconsciente no animal, mas isso não tem nada a ver com o inconsciente humano.

– Mas eu li que cientistas muito sérios afirmam que não existe nenhuma diferença entre o cérebro de um macaco e o nosso, e que é possível até ensinar um macaco a se tornar um ser humano.

– Sim, é claro. É possível domesticar os macacos para fazê-los parecer aos seres humanos, e domesticar os homens para imitar os macacos. Alguns cientistas acreditam até mesmo que o cérebro humano é uma máquina neuronal autossuficiente para pensar ou criar obras de arte. Alguns afirmam ser capazes de construir uma máquina para registrar ou interpretar os sonhos estudando a maneira como os neurônios funcionam no cérebro. Também existem psicólogos e filósofos que estão convencidos de que a barreira entre as espécies não existe, que os humanos e os hominídeos se parecem tanto que deveriam poder ser casar. Inúmeros cientistas também pensam que os seres humanos e os macacos possuem um inconsciente idêntico, e eles sonham em fazer os macacos falar e detectar o conteúdo dos seus pensamentos nos neurônios.

– *Mas existem seres humanos privados de linguagem e que continuam a pensar?*
– Evidentemente. É o caso de todos aqueles que têm doenças, más-formações ou anomalias cerebrais, neurológicas ou genéticas. Eles perdem o uso da linguagem, da fala ou da capacidade de pensar. Apesar disso, porém, eles não se assemelham aos animais, que nunca tiveram essa capacidade.

– *Mas, então, como definir o inconsciente animal?*

– O inconsciente animal seria, na verdade, a manifestação de uma atitude natural e de um instinto.

– *O que é instinto?*

– É um comportamento intuitivo e hereditário proveniente da natureza. Ele resulta de um mecanismo fisiológico. Por exemplo: o caminhar (locomoção), o medo, o acasalamento (reprodução), a necessidade de se alimentar (nutrição), a audição, o olfato, o paladar, as expressões dos olhos e do rosto, a agressão, o fato de se agrupar para se proteger do perigo (instinto gregário).

– *Não existe instinto entre os humanos?*

– Não exatamente, pois, diferentemente dos animais, os humanos são seres divididos entre a natureza e a cultura. Eles falam, inventam mitos, pensam, têm desejos e não apenas necessidades. Fala-se de "instinto" entre os humanos quando se pretende indicar, geralmente de maneira pejorativa, a presença de um resto de animalidade neles. Na verdade, para os humanos, falamos mais de pulsão, isto é, de uma força inconsciente, um impulso ao mesmo tempo psíquico e somático situado entre o corpo e a mente.

– *Esse também é um conceito freudiano?*
– Sim, mas outros antes dele já haviam pensado nisso, justamente para diferenciar o animal do homem. Freud classificou as pulsões da mesma maneira que descreveu as regiões do inconsciente. Ele distingue a pulsão de vida (o amor, a reprodução, o desejo) da pulsão de morte, que nos impele à destruição dos outros e de nós mesmos: o assassinato, a guerra, o suicídio. Embora sejam inconscientes, sabemos que as pulsões existem.

– *Por que dizemos que um comportamento humano é animal? Nós não acusamos os animais de serem humanos desprezíveis, então por que dizemos "animal desprezível"?*
– Você deve saber que um filósofo francês acusou Freud de ter inventado com a psicanálise "uma psicologia de macaco", o que, em sua boca, não era mais amável para os homens que para os macacos. E, aliás, os racistas comparam os negros aos macacos. Mas os tempos mudaram. Atualmente se critica Freud por não ter inventado uma psicologia

do macaco válida para os seres humanos. Outrora, considerávamos "animalesca" toda abordagem da sexualidade humana, e agora é o contrário. Acreditamos que os macacos são muito mais dotados que os humanos para fazer amor e que é preciso imitá-los.

– *O que fazer com os animais?*

– Na verdade, não devemos nos servir dos animais para rebaixar os seres humanos, nem comparar os seres humanos aos animais, nem maltratar uns para valorizar os outros. Nós convivemos com os animais, temos inúmeras características em comum com eles, mas existe uma barreira que não se deve ultrapassar entre o reino animal e o reino dos humanos: uma barreira de espécies. É por isso, aliás, que a zoofilia (envolvimento sexual com os animais) é considerada uma crueldade. Pois o animal não tem livre-arbítrio, ele não pode escolher seu parceiro.

– *Mas já que existe uma continuidade entre o mundo animal e o mundo humano, diga-me o que é comum aos dois mundos?*

– O vínculo, a perda e a separação. Assim como nós, os animais têm necessidade, ao nascer, de um contato físico com a mãe (ou com um substituto), senão eles não se desenvolvem bem. Eles sofrem com a perda desse contato, e é por isso que, quando o objeto primeiro do vínculo desaparece, eles se sentem abandonados, como nós, e procuram outro em seu grupo: você assistiu a isso várias vezes na televisão nos documentários dedicados aos macacos ou aos elefantes. Enfim, como nós, os animais devem se separar daquela que os alimentou: é o chamado desmame.

– Outro dia, você me emprestou um livro de que eu gostei muito: Os cativos do zoo. *A autora, Vera Hegi, guarda de zoológico em Moscou em 1930, conta histórias horríveis de animais aprisionados ou maltratados. Nossa conversa me fez pensar nisso agora.*

– Nesse livro, Vera Hegi descreve os animais confrontados ao mundo dos humanos: a fúria do tigre real que se recusa a comer na presença dos seus guardadores, a história do urso morto de emoção depois de ter espancado uma companheira que lhe havia sido imposta, ou ainda a aventura de uma jovem elefanta. Certo dia, um visitante lhe estende um pão. Ela pega o pão, o reduz a migalhas e depois rejeita com a tromba uma lâmina de navalha cuidadosamente escondida no pão.

O visitante queria saber se o animal tinha consciência da presença dessa arma mortal. Teve a resposta.

– Mas como a elefanta conseguiu perceber que o visitante lhe estendia uma armadilha?

– Ela não percebeu, mas sentiu. É isso o instinto. Os animais presos não são iguais aos animais em liberdade. Eles se acostumam a ver desfilar diante deles uma multidão barulhenta, e ainda mais agressiva pelo fato de não correr o risco de ser atacada, como na selva. Os visitantes dos zoológicos ficariam aterrorizados se encontrassem em plena natureza animais em liberdade que poderiam matá-los. Mas, diante de animais presos, alguns deles se vingam desafiando-os, humilhando-os e estendendo-lhes armadilhas. Consequentemente, os animais se adaptam a esse novo perigo a ponto de, às vezes, ludibriá-lo.

– Você parece dizer que os humanos são mais cruéis que os animais. Mas eu assisti na televisão a vários documentários sobre os animais selvagens. É terrível, eles se devoram entre si, os mais fortes atacam ferozmente os mais fracos.

– Sim, é claro, mais isso não tem nada a ver com os humanos. Os animais obedecem às leis da natureza. Em nenhum momento eles sentem prazer em matar. Só os humanos cometem crimes, organizam massacres ou inventam torturas para provocar sofrimento nos seus semelhantes. Só os humanos humilham os animais, tingindo-lhes o pelo, cortando-lhes as patas ou as asas, fazendo-os usar óculos para caçoar deles, treinando-os para matar. Só os humanos são capazes das piores perversões.

– *Perversões?*

– Perverter significa desviar, inverter, virar do avesso, inverter, transformar o bem em mal ou, ainda, gostar de se destruir ou destruir os outros, comportar-se como um carrasco. Os animais não são perversos, pois eles não destroem nada pelo prazer de destruir. Os animais são seres sem ambivalência, que não têm nem subjetividade, nem superego, nem linguagem, nem inconsciente no sentido humano. Eles existem, vivem, morrem, sofrem e se reproduzem.

– *Mas nós podemos, de todo modo, treinar os animais para transformá-los em assassinos?*

– Correto. E você sabe que os nazistas tiveram a ideia de substituir as sentinelas dos campos de concentração por cães ou, ainda, de obrigá-los a vigiar os detentos. Mas essas tentativas não deram nenhum resultado: mesmo treinados para devorar os prisioneiros, os cães não conseguiam se igualar aos nazistas que os tinham transformado em assassinos. A "besta imunda" não é o animal, e sim o ser humano.

– *Os animais se comem entre si e nós comemos os animais. Isso é uma perversão?*
– Não, os humanos são naturalmente carnívoros; portanto, comer o animal é natural ao ser humano. Mas como nós temos consciência do fato de que matar é um ato bárbaro, somos sensíveis ao sofrimento dos animais. O que é cruel é matar inutilmente animais, fazê-los sofrer ou transformá-los em carne enquanto estão vivos, nas criações industriais intensivas.

– *Mas os seres humanos não são simplesmente destruidores?*
– Como os seres humanos são capazes de todos os crimes possíveis, eles também são capazes dos gestos mais sublimes: morrer pela liberdade, amar com paixão, combater as desigualdades, aspirar a uma sociedade

mais justa, escrever e editar livros, inventar leis para puni-los por seus próprios crimes. Isso também é ter um inconsciente.

– *O que você quer dizer com isso?*

– Ter um inconsciente, nesse sentido, é saber que nosso inconsciente está povoado do pior e do melhor, que nós somos ambivalentes e que, para limitar nossas pulsões de destruição, é preciso promover a arte, a cultura, a civilização, as leis e a possibilidade de viver em sociedade com os outros. Nesse sentido, os homens devem defender os animais porque só os homens, ao ter acesso à cultura, conseguiram dominar a natureza. Só os homens conhecem o lado sombrio do seu inconsciente.

8
O lado sombrio do inconsciente

– *Esse inconsciente parece às vezes bastante assustador. Devemos temê-lo?*

– Não. Mas a maioria das pessoas tem medo porque ele é algo que elas não conseguem controlar devido à proximidade entre inconsciência (perda da razão) e inconsciente. Temos medo do inconsciente porque temos a impressão de que ele nos governa sem que nos demos conta. Desejamos explorá-lo e, ao mesmo tempo, ele nos trai e nos prega peças, nos faz dizer coisas que não queremos dizer, ele é uma fonte de angústia. Além disso, nosso inconsciente está cheio de desejos inconfessáveis, de pulsões assassinas, de todas essas coisas que as pessoas desejam fazer e não fazem. Insultar a pessoa que nos agride, humilhar alguém que achamos estúpido, urinar no capacho do vizinho que odiamos.

— *Mas eu nunca tive vontade de fazer essas coisas!*

— Você talvez não, porque é bem-educado e seu inconsciente não o perturba, mas tenho certeza de que já aconteceu de você ter pulsões maldosas que você reprimiu.

— *É verdade. Mas o que você diz me faz pensar num antigo livro alemão ilustrado que você me deu quando eu era pequeno e que tinha pertencido à sua mãe:* Der Struwwelpeter [*Pedro despenteado*].

— Você tem razão ao pensar nesse livro. É uma coletânea de canções infantis criadas por um médico e poeta alemão do século XIX, Heinrich Hoffmann, que obteve um grande sucesso. Ele foi traduzido para o francês pelo desenhista Cavanna, um dos fundadores do jornal *Charlie Hebdo*, com o título de *Crasse Tignasse* [Melenas desgrenhadas]. No livro, Heinrich Hoffmann conta para o filho de 3 anos histórias de crianças travessas ilustradas por atos inconsequentes. Essas crianças maltratam os animais, são racistas e arrogantes, recusam-se a comer, emagrecem a olhos vistos, brincam com fósforos, provocam incêndios e se afogam porque nunca olham onde pisam. O personagem principal, Pedro das melenas fartas, recusa-se a pentear-se e a cortar os cabelos. Durante meses ele deixa crescer as unhas até as mãos se transformarem em garras, tornando-se uma criança repulsiva e triste. No final das contas, essas pobres crianças são vítimas de seu próprio comportamento. Coisas terríveis acontecem a elas. Elas morrem por se entregarem à própria destruição e por não reprimirem as pulsões que vêm do seu inconsciente. Ou, então, são castigadas violentamente: certo dia, por exemplo, um alfaiate vem cortar os dedos de uma criança que chupava o polegar.

– *O livro também mostra que não adianta punir essas crianças aplicando-lhes castigos corporais.*

– É verdade, porque a crueldade do castigo é da mesma natureza da crueldade que elas impõem a si mesmas. No fundo, o comportamento dessas crianças é uma imitação dos pais, que as tratam como coisas e são incapazes de educá-las. É a má educação que leva ao pior.

– *Hoje as crianças levadas são tratadas com remédio. O que você pensa disso?*

– Isso serve apenas para camuflar o problema. Embora esses remédios sejam na maioria das vezes eficazes, por atuarem no cérebro, eles não bastam para conter a força destrutiva do inconsciente.

– *O inconsciente pode servir de desculpa para esses atos?*

– Claro que não. Não se pode usar o inconsciente como pretexto para diluir a consciência e reduzir a responsabilidade de cada um.

– *Mas se o inconsciente é criminoso, qual é a responsabilidade de quem comete crimes quando está dominado por sua pulsão?*

– A questão foi levantada no Código Penal francês há mais de duzentos anos (em 1810), quando os psiquiatras e juristas decidiram diferenciar os loucos criminosos dos criminosos conscientes. Eles decretaram que, quando um crime é cometido por uma pessoa em estado de demência – isto é, um doente mental –, ela não será considerada responsável por seus atos, mas será internada num hospício. Esse princípio é aplicado na maioria das democracias.

– *Sim, mas qual é a diferença fundamental entre um louco criminoso e um criminoso? Os dois têm um inconsciente, não?*

– O louco criminoso ouve vozes, sente-se ameaçado por inimigos imaginários e, portanto, acredita agir em legítima defesa. Ele pensa, por exemplo, que a pessoa que ele mata é um vampiro que vai devorá-lo. Esse tipo de criminoso frequentemente mata uma única pessoa famosa: um rei, uma estrela, um chefe de Estado, isto é, uma autoridade, que encarna no seu inconsciente o perseguidor.

O criminoso comum tem, ao contrário, consciência do seu ato. Ele projeta o crime, o prepara, sabe o que faz, tem uma intenção. Ele mata para se livrar de alguém.

– *E os terroristas que invocam uma religião, como os que mataram os seus amigos do* Charlie Hebdo *em janeiro de 2015, como você os classifica?*

– Como os assassinos fanáticos que defendem teorias criminosas delirantes das quais eles têm consciência. Eles não são loucos, mesmo que passem a impressão de sê-lo. Eles não se enquadram na esfera da doença mental, são plenamente responsáveis por seus atos.

— *Você me emprestou o livro* Auschwitz expliqué à ma fille [*Auschwitz explicado à minha filha*]*, de Annette Wieviorka. Ela diz que existe algo enigmático no fato de que um dos países mais civilizados da Europa, a Alemanha, tenha podido se tornar, entre 1933 e 1945, no oposto do que era. O nazismo é o inconsciente coletivo da Alemanha?*

— Eu não diria isso. O nazismo é um fenômeno único no mundo. Ele revela como um Estado pôde se corromper a ponto de ter o único objetivo de exterminar em câmaras de gás milhões de homens, mulheres e crianças simplesmente por serem judeus ou considerados de "raça inferior": doentes mentais, anormais, ciganos, eslavos, homossexuais etc. Como você sabe, os responsáveis por esse genocídio foram julgados pelo Tribunal de Nuremberg e reconhecidos como responsáveis por seus atos. Os psiquiatras que entraram em contato com eles se perguntaram quais seriam suas motivações inconscientes. Como explicar esses crimes? O que teria ocorrido na infância de Hitler, de Heinrich Himmler, de Adolf Eichmann ou de Rudolf Hess para que eles se tornassem os criminosos que conhecemos? Teriam sido vítimas de maus-tratos? Como tal ódio pôde brotar dentro deles? Centenas de motivos foram apresentadas para explicar a "psicologia" dos carrascos.

— *E então?*

— Na verdade, eu diria que o que permitiu tal extermínio é que o nazismo, doutrina de Estado, promoveu a manifestação da pulsão de morte sob todas as formas, em todas as camadas sociais. Dessa forma, o lado sombrio do inconsciente humano foi valorizado em vez de ser reprimido ou recalcado. O crime, a tortura, a delação, o estupro, o desejo de destruir e o extermínio se tornaram, assim, *a* norma coletiva à qual todos eram obrigados a se submeter, caso contrário estariam desobedecendo a lei. Portanto, não encontramos nada de peculiar no inconsciente dos criminosos nazistas, nada que permita explicar esses atos. Todos os carrascos nazistas são diferentes e cada um deles tem uma história particular. Mas o que os une é a ideia de que os judeus não merecem viver e que é preciso substituí-los por uma humanidade supostamente pura e racialmente superior.

— *Mas no interior dessa "norma", qualquer um pode, portanto, se tornar nazista?*

— Não exatamente. Para se tornar um verdadeiro nazista, é preciso não apenas ser antissemita e aderir conscientemente à ideia da periculosidade dos judeus, mas também participar, por todos os meios possíveis – diretos ou indiretos – do extermínio dos judeus. É preciso querer eliminá-los fisicamente e destruir todos os traços de sua cultura, de sua língua, de sua história, de sua memória etc. Sei que você viu *A lista de Schindler*. Durante a Segunda Guerra Mundial, o industrial alemão Oskar Schindler, natural da Morávia, era membro do Partido Nazista com bom trânsito junto aos dignitários do regime. Ele trabalhava nos serviços de informação. Jogador e alcoólatra, mulherengo e sem talento para o êxito profissional, ele recrutava friamente, para os seus negócios, a mão de obra judaica barata. Porém, aos poucos, em vez de fechar os olhos e prosperar, ele ficou horrorizado com o que descobriu e, especialmente, com o extermínio dos judeus. Ele então utilizou sua fábrica para salvar seus empregados. Para ele era impossível se tornar um verdadeiro nazista.

– Você disse "antissemita consciente", mas é possível ser antissemita inconscientemente?

– Claro que sim, e é ainda mais frequente hoje, uma vez que as declarações antissemitas e racistas são punidas pela lei como incitação ao ódio racial. Como ninguém mais tem o direito de ser abertamente antissemita, o antissemitismo atual se manifesta de outra maneira: por meio de lapsos, negações, jogos de palavras. O inconsciente prega peças nos antissemitas, e todo mundo vê e percebe.

– *Por exemplo?*

– Bem, quando uma pessoa quer provar que não é antissemita, normalmente diz: "Não sou antissemita, já que tenho amigos judeus". Ou então quando diz: "Não tenho nada contra os judeus, mas, ainda assim, todos sabem muito bem que eles têm uma influência, um comportamento especial e são movidos pelo lucro". Ou então quando alguém diz, quando ocorre um atentado a uma sinagoga, que houve "vítimas francesas inocentes".

– *O lado sombrio do inconsciente está presente em todo mundo?*

– Sim, em diferentes graus.

– *O inconsciente explica inteiramente o que nós somos?*

– Não, existem outras determinações. Nós somos o produto de uma história, de um ambiente natural e social, de um corpo biológico, e não apenas do nosso psiquismo. Além disso, temos a liberdade de nos modificarmos.

– Mas existe um meio de evitar que o lado sombrio do inconsciente se torne dominante, como no caso do nazismo?

– Essa é uma ótima pergunta. Depois desses horrores, cientistas procuraram criar uma nova ciência que tornasse impossível a repetição da barbárie. E, sem saber, você já ouviu falar dela: é a cibernética. Ela deu origem ao mundo no qual vivemos hoje, o dos computadores, das redes e da comunicação ilimitada pela internet. Seu inventor, Norbert Wiener, um norte-americano nascido numa família judia polonesa, era um matemático e linguista original, pacifista, socialista e vegetariano. Ele queria combater a barbárie dos tempos modernos substituindo as instituições humanas por uma imensa máquina que tornaria as comunicações transparentes. Estava convencido de que essa máquina seria o equivalente de um cérebro humano – uma inteligência artificial – e que ela poderia funcionar de maneira neutra, evitando os conflitos, os complôs, as guerras, a pobreza e a desigualdade entre os seres vivos. Ele sonhava em substituir a consciência, a alma, o inconsciente, os desejos, as pulsões e os poderes por um sistema harmonioso de comunicação. Ele também declarava que a cibernética estava acima das paixões e dos sistemas ideológicos. Graças a ela, os humanos poderiam finalmente viver em paz entre si e com os animais...

– *Mas isso não funcionou?*

– É claro que não, pois o ser humano não poderia ser controlado por uma máquina. Mas o que funcionou é que hoje você pode se comunicar instantaneamente com o mundo inteiro e ter acesso em pouquíssimo tempo a conhecimentos ilimitados. Foi graças à cibernética que a informática se desenvolveu.

– *Mas isso tudo pode ser encontrado em* Guerra nas estrelas. *Sei que você gosta muito desse filme. É porque ele fala do inconsciente?*

– Sim, eu gosto muito desse filme, pois o que ele mostra é a síntese moderna não apenas de todas as pesquisas sobre o cérebro, as máquinas, a informação e a comunicação, mas também de todos os grandes mitos que povoam o inconsciente. É uma espécie de narrativa épica do mundo de hoje. No fundo, ele apresenta, através de várias gerações e no interior de um universo entrelaçado por uma infinidade de galáxias e computadores, uma epopeia militar na qual se misturam os deuses, os seres humanos, os animais, os guerreiros e os robôs humanoides. Cada espécie tem sua linguagem, mas também está sujeita a metamorfoses. Construídos pelos seres humanos, os robôs humanoides são uma réplica deles. Alguns são condicionados para desempenhar tarefas admiráveis, outros, para matar.

– *E os animais?*

– Eles são mutantes e falam. O homem que encarna as virtudes ancestrais do bem e da sabedoria é o depositário da memória do universo. É um baixinho esverdeado, metade homem, metade animal, feio e minúsculo. Ele se exprime por meio de enigmas, como o oráculo grego, invertendo as palavras e a sintaxe. O universo no qual vivem todas essas espécies é permeado pelo conflito que opõe as forças do mal – o imperialismo, a barbárie e todas as formas de tirania – às forças do bem – as Luzes, o progresso e a democracia.

– E Darth Vader?

– É um ser atormentado pelo conflito entre o bem e o mal. Ele gerou os gêmeos destinados a destruí-lo. Ele foi outrora um guerreiro de elite das Luzes e da civilização. Depois, decepcionado com a incompetência de seus mestres, foi atraído pelo "lado sombrio da força", isto é, pelo mal que cada ser humano traz dentro de si. Ele se transforma, então, num robô humanoide vestido de preto. Mas para que essa metamorfose possa acontecer, é preciso que seu corpo e seu rosto sejam totalmente queimados. Recoberto por sua armadura guerreira e submetido a um mestre bárbaro – uma espécie de nazista desfigurado por seus vícios –, Darth Vader é despojado de sua humanidade.

– E tem também a história do herói abandonado que mata o pai?

– Sim. No momento em que, quase vencido pelo próprio filho durante um combate mortal, e intimado a matá-lo por ordem de seu mestre bárbaro, Darth Vader volta sua força de guerreiro contra aquele que o subjugou. Debaixo do robô humanoide surge então o rosto do herói que ele fora outrora. Mas esse rosto agonizante, muito humano, esse rosto imortal, é o rosto de um monstro, coberto de pústulas.

– *Mas isso quer dizer o quê?*
– Essa cena exprime toda a história da relação universal do ser humano com o inconsciente, isto é, a história do combate das Luzes contra a barbárie, um combate que jamais cessará e que é inerente não apenas à subjetividade humana, mas também à dos povos.

SOBRE O LIVRO

Formato: 12 x 21 cm
Mancha: 19 x 39,5 paicas
Tipografia: Iowan Old Style 12/17
Papel: Off-white 80 g/m² (miolo)
       Cartão Supremo 250 g/m² (capa)
1ª edição Editora Unesp: 2019

EQUIPE DE REALIZAÇÃO

Capa
Marcelo Girard

Imagem de capa
Big iceberg floating on water waves with penguin © Vitya_M / Shutterstock

Edição de texto
Richard Sanches (Copidesque)
Tomoe Moroizumi (Revisão)

Editoração eletrônica
Eduardo Seiji Seki (Diagramação)

Assistência editorial
Alberto Bononi